LandesSportBund Nordrhein-Westfalen • Tischtennis

Editorial

Die leistungssportliche Basisarbeit in Nordrhein-Westfalen wird über das Landesprogramm „Talentsuche und Talentförderung in Zusammenarbeit von Schule und Verein/Verband" gesteuert. Sein Ziel ist eine gesellschaftlich akzeptierte Nachwuchsförderung in Kooperation von Schulen und Sportvereinen, die den Prinzipien eines humanen Leistungssports verpflichtet ist.

Bezogen auf die Gestaltung des Trainings und der Wettkämpfe für Kinder und Jugendliche auf dem Weg zum Leistungssport ist der behutsame, langfristige Leistungsaufbau und damit die Verhinderung einer zu frühen Spezialisierung eine der wesentlichen Forderungen. Die Veränderung von Training unter entwicklungspsychologischen und pädagogischen Gesichtspunkten und die Umsetzung neuer Erkenntnisse der Trainingswissenschaft läßt sich nur durch die Bereitstellung entsprechender Trainingsmaterialien und gezielter Aus- und Fortbildungsmaßnahmen erreichen.

Daher werden in Nordrhein-Westfalen seit Anfang der 1990er Jahre im Rahmen des Landesprogramms in gemeinsamer Arbeit des Landesausschusses „Talentsuche und Talentförderung" und der Landes- und Bundesfachverbände – unter Mitwirkung von Vertreterinnen und Vertretern des Schulsports, der Sportwissenschaft und in Abstimmung mit dem Bereich Leistungssport des Deutschen Olympischen Sportbundes – Handreichungen für den Personenkreis erarbeitet, der in Nordrhein-Westfalen und den anderen Ländern der Bundesrepublik mit Kindern und Jugendlichen im Leistungssport arbeitet.

Mit diesen Handreichungen für ein vielseitiges Training im Kindes- und Jugendalter soll nicht nur eine umfassende Entwicklung motorischer Grundeigenschaften und koordinativer Bewegungserfahrungen als Grundlagen der sportspezifischen Ausbildung gefördert werden, sie sollen auch dazu beitragen, die beim langfristigen Leistungsaufbau entstehenden Brüche bei den Übergängen vom Sportverein zum Kadertraining der Landesfachverbände sowie von der Betreuung durch die Landestrainer/innen in die Förderung durch die Bundestrainer/innen der Spitzenverbände zu beseitigen.

In enger Zusammenarbeit mit dem Innenministerium des Landes NRW möchte der LandesSportBund NRW als Herausgeber der Schriftenreihe „Rahmentrainingskonzeptionen für Kinder und Jugendliche im Leistungssport" mit dem vorliegenden Band einen Beitrag zur Weiterentwicklung der Nachwuchsförderung im Tischtennis im Sportland NRW und über die Landesgrenzen hinaus in allen Ländern der Bundesrepublik leisten.

Bisher erschienen in dieser Schriftenreihe sind die Rahmentrainingskonzeptionen:

Bd. 1	Weibliches Kunstturnen	Bd. 10	Schwimmen
Bd. 2	Hockey	Bd. 11	Eisschnellauf
Bd. 3	Gewichtheben	Bd. 12	Ringen
Bd. 4	Kanusport	Bd. 13	Badminton
Bd. 5	Kunstturnen männlich AK 7–9	Bd. 14	Tischtennis
Bd. 6	Eishockey	Bd. 15	Rugby
Bd. 7	Volleyball	Bd. 16	Squash
Bd. 8	Fechten	Bd. 17	Judo
Bd. 9	Basketball		

Dirk Huber, Sandra Münzl, Dirk Schimmelpfennig,
Stephan Schulte-Kellinghaus, Norbert Weyers

Rahmentrainingskonzeption für
Kinder und Jugendliche im Leistungssport

Band 14: Tischtennis

Herausgegeben vom LandesSportBund Nordrhein-Westfalen e.V.
in Zusammenarbeit mit dem Innenministerium des Landes
Nordrhein-Westfalen

Eine Zusammenarbeit von

Deutscher Tischtennis-Bund e.V.
Westdeutscher Tischtennis-Verband e.V.
LandesSportBund NRW e.V.
Innenministerium des Landes Nordrhein-Westfalen
Bereich Leistungssport des Deutschen Olympischen Sportbundes

Redaktion: Matthias Kohl
              Norbert Weyers

Mit einem Textbeitrag von Dr. Ilka Lüsebrink, DSHS Köln (Kap. 3.6)

Die Ratschläge in diesem Buch sind von den Autoren und dem Verlag sorgfältig erwogen und geprüft, dennoch kann keine Garantie übernommen werden. Eine Haftung der Autoren bzw. des Verlages und seiner Beauftragten für Personen-, Sach- und Vermögensschäden ist ausgeschlossen.

Bibliografische Information der Deutschen Bibliothek
Die Deutsche Bibliothek verzeichnet diese Publikation in der Deutschen Nationalbibliografie; detaillierte bibliografische Angaben sind im Internet uner http://ddb.de abrufbar.

2., stark überarbeitete Auflage 2009
© 2000, 2009, by Limpert Verlag GmbH, Wiebelsheim
www.verlagsgemeinschaft.com

Das Werk ist urheberrechtlich geschützt. Jede Verwertung außerhalb der engen Grenzen des Urheberrechtsgesetzes ist ohne Zustimmung des Verlages unzulässig und strafbar. Dies gilt insbesondere für Vervielfältigungen auf fotomechanischem Wege (Fotokopie/Mikrokopie), Übersetzungen, Mikroverfilmungen und die Einspeicherung und Verarbeitung in elektronischen und digitalen (CD-ROM, DVD, Internet etc.) Systemen.

Umschlagfoto: OSP Rhein-Ruhr/WTTV
Satz und Layout: Composizione Katrin Rampp, Kempten
Druck und Verarbeitung: Media-Print Informationstechnologie, Paderborn
Printed in Germany/Imprimé en Allemagne
ISBN 978-3-7853-1784-6

Vorwort

Die zweite Auflage der Rahmentrainingskonzeption wurde inhaltlich deutlich überarbeitet und neu strukturiert. So finden sich z. B. die Beispielübungen nicht mehr im Anhang, sondern direkt hinter den theoretischen Abhandlungen. Das Autorenteam erhofft sich dadurch eine bessere Handhabung durch die Nutzer.
Die Rahmentrainingskonzeption Tischtennis bildet auch weiterhin die Grundlage der Trainerausbildung für C- und B-Trainer im Westdeutschen Tischtennis-Verband e.V.

Nach der Zusammenarbeit bei der Erstellung der „Rahmentrainingskonzeption für Kinder und Jugendliche im Leistungssport" in den Jahren 1999/2000 hat der DTTB auch bei dieser Überarbeitung mitgewirkt.
Durch die inhaltliche Ausrichtung der Rahmentrainingskonzeption an der Lehrplanreihe des DTTB konnten insbesondere die Inhalte in der Talentförderung von Bund und Regionalverband angeglichen werden.
Weiterhin stellt die Kooperation bei diesem Lehrwerk einen wichtigen Schritt in Richtung einer koordinierten Zusammenarbeit im Bereich der Trainer C- und B-Lizenz-Ausbildung zwischen Bundesverband und den Landesverbänden dar.
Wir freuen uns, dass der Westdeutsche Tischtennis-Verband mit der zweiten Auflage der Rahmentrainingskonzeption den eingeschlagenen Weg der Umsetzung der Regionalkonzepte im Land NRW aktiv weitergeht und neue Erkenntnisse und Strukturen an die Vereine und ihre Trainer weitergibt.
Die Rahmentrainingskonzeption kann somit dazu dienen, die Talentsichtung und -förderung in NRW, vielleicht auch in anderen Landesverbänden, weiter voran zu bringen und die Entwicklung des Tischtennissports zu fördern.

Westdeutscher Tischtennis-Verband e.V.
Lehrausschuss des Deutschen Tischtennis-Bundes

Inhalt

1 Zielsetzung und Handhabung der Rahmentrainingskonzeption 8

2 Der sportpolitische Rahmen zur Nachwuchsförderung und dessen Umsetzung am Beispiel des nordrhein-westfälischen Landesprogramms „Talentsuche und Talentförderung" 10

3 Modell der Talentsuche und Talentförderung **16**
   3.1 Der Begriff des Talentes 16
   3.2 Verfahren der Talentsichtung 16
   3.3 Fördersystem des DTTB 19
   3.4 Fördersystem des WTTV 20
   3.5 Entwurf einer verbesserten Förderstruktur für den WTTV 22
   3.6 Mädchen im Nachwuchsleistungssport 24

4 Didaktisch-methodische Aspekte des Nachwuchstrainings **27**
   4.1 Einheit von Erziehung und Ausbildung 27
   4.2 Grundsätze der Methodik 28

5 Anforderungsanalyse des Tischtennisspiels und Ausbildung der Leistungsfaktoren **32**
   5.1 Kondition 32
      5.1.1. Krafttraining 32
           5.1.1.1 Übungen zum Krafttraining 34
      5.1.2 Schnelligkeitstraining 37
           5.1.2.1 Übungen zum Schnelligkeitstraining 39
      5.1.3 Ausdauertraining 40
      5.1.4 Beweglichkeitstraining 41
   5.2 Koordination 42
      5.2.1 Training der koordinativen Fähigkeiten 42
      5.2.2 Übungen zum Training der koordinativen Fähigkeiten 46
   5.3 Psychische und kognitive Fähigkeiten 55
      5.3.1 Hinweise zum Training in den Förderstufen 56
   5.4 Technische Fähigkeiten 57
      5.4.1 Schlagtechniken 57
           5.4.1.1 Tischtennis-Methodik-Modell (WTTV-Methodik-Modell) 57
           5.4.1.2 Tischtennis-Future-Star 68
      5.4.2 Hinweise zum Training in den Förderstufen 69
      5.4.3 Technik der Grundschläge 73
      5.4.4 Technik der Beinarbeit 107

5.5	Taktik	127
	5.5.1 Definition	127
	5.5.2 Bedeutung der Taktik	128
	5.5.3 Taktisches Training	130
	5.5.4 Hinweise zum Training in den Förderstufen	135
	5.5.5 Beispiele für Trainingsformen im Taktikbereich	140
6	**Trainingsplanung**	**153**
7	**Begleitende Maßnahmen**	**157**
	7.1 Pädagogische und soziale Betreuung	157
	7.2 Medizinische Betreuung	158
8	**Kindgerechte Wettkampfformen im Tischtennis**	**160**
	8.1 WTTV Bambini-Cup	160
	8.2 Sportmotorischer Test zur Talenterkennung	165
	8.3 Vielseitiger Mannschaftswettkampf IV im Bundeswettbewerb der Schulen „Jugend trainiert für Olympia"	169
9	**Literatur**	**174**

1 Zielsetzung und Handhabung der Rahmentrainingskonzeption

Stand des Tischtennissports

Auch im Jahr 2008 behauptet sich die Sportart Tischtennis mit 616.796 aktiven Tischtennisspielern[1] in Vereinen in den Top-Ten bei den Fachverbänden im Deutschen Olympischen Sportbund. Der Mitgliederschwund macht sich aber auch hier bemerkbar; fast 15.000 Mitglieder verließen die Sportart. Dies hat zahlreiche strukturelle Ursachen.
Nur wenige Mädchen (ca. 20% der Mitglieder) spielen Tischtennis; viele Jugendliche im Alter zwischen 14 und 18 Jahren verlassen die Vereine (drop-out). Die Gründe für diese Phänomene sind vielfältig, beruhen aber zu einem großen Teil auf der einseitigen Orientierung des Vereinssports. Angebote im breitensportlichen Bereich fehlen häufig; es wird eine einseitige Orientierung auf den Wettkampfsport vorgenommen.

Probleme und Lösungsansätze

In diesem Zusammenhang erscheint die Konzipierung eines alternativen Wettspielsystems, das allen pädagogischen und sportwissenschaftlichen Forderungen Rechnung trägt, von großer Wichtigkeit. Dieses Wettspielsystem steht augenscheinlich im Widerspruch zum bestehenden System, muss jedoch zukünftig den Einstieg in die Sportart Tischtennis darstellen. Den positiven Effekt kindgerechter Wettkampfangebote haben andere Sportarten bereits nachgewiesen.
Im Mittelpunkt des Trainings soll das Bestreben stehen, die Kinder und Jugendlichen zu eigenverantwortlichem Sporttreiben anzuhalten, sie zu lebenslangem Tischtennisspiel zu motivieren und zu gefestigten Persönlichkeiten zu erziehen. Die Jugendlichen müssen in die Lage versetzt werden, ihr Training im Leistungsbereich auch nach dem Verlassen des Fördersystems (18 Jahre und älter) selbständig zu organisieren und durchzuführen.

Qualifizierung von Trainern

In viel zu wenigen Vereinen wird ein qualifiziertes Training sowohl in breitensportlicher als auch leistungssportlicher Ausprägung angeboten. Dies liegt vor allem an der zu geringen Anzahl lizenzierter Trainer. Diese weisen zudem einen nicht immer aktuellen Kenntnisstand auf, was bei der rasanten Entwicklung der Sportwissenschaft und auch der Sportart Tischtennis ein enormes Hemmnis ist. Die Gestaltung eines modernen, erfolgsorientierten Trainings stellt so viele Trainer vor große Schwierigkeiten.

Kooperation Schule-Verein

Als weiterer Punkt sei die Kooperation zwischen Schule und Verein angesprochen. Die Rahmentrainingskonzeption soll u.a. dazu dienen, Sportlehrern Handreichungen für den Unterricht im Rückschlagspiel

---

[1] Aus Gründen einer besseren Lesbarkeit wird im folgenden Text darauf verzichtet, bei der Nennung von Funktionen jeweils die männliche und weibliche Form des entsprechenden Substantivs aufzuführen. Wenn also z.B. das Substantiv „Tischtennisspieler" verwendet wird, so sind hier Spielerinnen und Spieler gemeint.

Tischtennis zu geben, Schülersportgemeinschaften in Zusammenarbeit mit den Tischtennisvereinen sinnvoll durchzuführen und eine enge Zusammenarbeit Schule-Verein zu koordinieren. Daneben dient die Konzeption auch der Talentsichtung und -förderung, die nur in enger Zusammenarbeit mit den Schulen sinnvoll ist und über die Vereine an das Stützpunktsystem des Verbandes angebunden ist.

Hier will die Rahmentrainingskonzeption ansetzen: Inhalte und Struktur des Trainings werden auf dem aktuellen Stand präsentiert, den Trainern werden Hilfen bei der Planung und Durchführung des Trainings gegeben. Die klare Zuweisung von Inhalten für die Altersstufen / Förderstufen geben einen Rahmen für die Trainingsplanung vor, ohne die individuelle Planung zu ersetzen. Dies dient unter anderem auch dazu, das Training innerhalb der verschiedenen Fördermaßnahmen der Vereine und des aufsteigenden Stützpunktsystems aufeinander abzustimmen, was sicherlich eines der größten Probleme bei der Entwicklung im Leistungssport war und ist. Auch die unterschiedliche Schwerpunktsetzung der Landesverbände innerhalb des Deutschen Tischtennis-Bundes (DTTB) ist einer langfristigen Spitzenförderung nicht dienlich und bedarf der Vorgaben durch diese Rahmentrainingskonzeption, die in Zusammenarbeit zwischen dem DTTB und dem WTTV erstellt wurde. Sie soll der Vereinheitlichung der Talentförderung in Deutschland dienen. Eine enge Verflechtung mit dem Regionalkonzept (WTTV/DTTB 2005) ist dabei Voraussetzung.

Kooperation im DTTB

Die Rahmentrainingskonzeption beschreibt die wichtigsten Inhalte des Trainings wie Technik, Taktik, Kondition und setzt sie in Bezug zu den verschiedenen Förderstufen. Trainer, Übungsleiter und Lehrer können so erkennen, wann welche Inhalte wie vermittelt werden sollen und können danach individuelle Trainingspläne für ihre Trainingsgruppe erstellen. Im Anhang finden sich dann neben einer ausführlichen aktuellen Technikbeschreibung auch Beispiele für Trainingsinhalte, die helfen sollen, das Training kindgerecht, abwechslungsreich und motivierend zu gestalten. Dabei dienen die Technikbeschreibungen dem Abgleich von biomechanisch optimalen Bewegungsbildern auf allen Ebenen bei Spielern und Trainern. Diese werden nach dem Methodikmodell geschult und in Verbindung mit taktischen und konditionellen Inhalten der verschiedenen Förderstufen gesetzt.

Struktur der Konzeption

Die Rahmentrainingskonzeption ersetzt keine eigene Trainingsplanung, da jede Trainingsgruppe individuelle Planungen benötigt und auch jeder Trainer seinen individuellen Stil entwickelt. Diese Vielfalt muss erhalten bleiben, um sowohl auf die jeweiligen Kinder und Jugendlichen einzugehen als auch die konkreten Umfeldbedingungen zu berücksichtigen.

2 Der sportpolitische Rahmen zur Nachwuchsförderung und dessen Umsetzung am Beispiel des nordrhein-westfälischen Landesprogramms „Talentsuche und Talentförderung"

Mit der Grundsatzerklärung des Deutschen Sportbundes „Kinder im Leistungssport", mit der Fortschreibung der „Grundsätze für die Kooperation zur Förderung des Leistungssports" sowie mit der Grundsatzerklärung des Deutschen Sportbundes „Belastbarkeit und Trainierbarkeit im Kindesalter" ist der bildungs- und sportpolitische Rahmen für Veränderungen in der Nachwuchs- und Talentförderung gesetzt worden, der durch entsprechende Empfehlungen der Kultusministerkonferenz der Länder zur Talentsuche und Talentförderung mitgetragen wird. In den bildungs- und sportpolitischen Grundlegungen wird der Kooperation von Schule und Sportverein eine bedeutende Rolle für die Nachwuchsförderung im Leistungssport zugewiesen.

Basierend auf den Grundsätzen der Sportinstitutionen und der Sportpolitik in Bund und Land entwickelte sich in Nordrhein-Westfalen in Zusammenarbeit von Landesregierung, LandesSportBund NRW und den Landesfachverbänden eine Initiative zur Nachwuchsförderung im Leistungssport, das Landesprogramm „Talentsuche und Talentförderung in Zusammenarbeit von Schule und Verein/Verband", das durch seinen komplexen Ansatz in fünf Aktionsfeldern gekennzeichnet ist, der strukturelle, pädagogisch/medizinisch begleitende und sportart-spezifische trainings- und wettkampfrelevante Maßnahmen integriert.

In der zwanzigjährigen Laufzeit des Programms konnten an mehr als der Hälfte aller Leistungsstützpunkte der Sportfachverbände in Nordrhein-Westfalen breit angelegte Talentförderprojekte/Talentzentren aufgebaut werden. Im Jahr 2008 sind es 245 Projekte mit ca. 1.700 Talentsichtungs- und ca. 900 Talentfördergruppen in Schule und Sportverein, die mit ca. 35.000 sportbegeisterten, regelmäßig trainierenden talentierten Mädchen und Jungen die vitale Basis dieses Programms bilden.

In ihrem Training soll das eingelöst werden, was von der modernen Sportwissenschaft sowie vom Bereich Leistungssport des DOSB als „Bedingung-ohne-wenn-und-aber" angesehen wird: Leistungssportförderung muss entwicklungsgemäß und pädagogisch wie medizinisch verantwortbar sein. Diese Prämissen lassen sich an Trainingsplanung und -inhalten festmachen, Eckwerte sind hier der langfristige Leistungsaufbau und die vielseitige sportartgerichtete Grundausbildung.

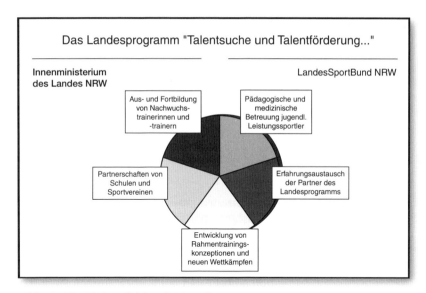

Abb. 1: Die Aktionsfelder des Landesprogramms

Vor dem Hintergrund der neuesten internationalen Entwicklungen im Leistungssport überarbeiteten zu Beginn der 90er Jahre sowohl die Sportorganisationen auf Bundes- und Landesebene als auch die Kultusministerkonferenz der Länder ihre Grundsätze zur Förderung im Nachwuchsleistungssport.
In den Schriften „Nachwuchs-Leistungssportkonzept" und „Verbundsysteme im Nachwuchsleistungssport" des Deutschen Sportbundes wird der Schule im Dreiklang Schule-Sportinternat-Leistungsstützpunkt bei der Unterstützung der Sporttalente ebenso eine wichtige Rolle zugewiesen, wie es in den Empfehlungen der Kommission „Sport" der Kultusministerkonferenz der Länder zur Talentsuche und Talentförderung 1995 und in der Dokumentation der Kultusministerkonferenz der Länder „Verbundsystem Schule und Leistungssport" (2000) geschieht.
Die starken Belastungen der Kadersportler müssen durch Maßnahmen der Schulen begleitet werden. In diesem Kontext erfährt die Kooperation von Schule und Sportverein wachsende Akzeptanz und zunehmende Bedeutung. Insbesondere in der institutionalisierten Kooperation von Schule und Sportverein – dem Verbundsystem Schule und Leistungssport – lassen sich zukünftig die in den Rahmentrainingskonzeptionen beschriebenen hohen zeitlichen Anforderungen der sportlichen Ausbildung des Nachwuchsleistungssports realisieren.
Das Konzept der Sportinternate hat sich bewährt. Eine Konsolidierung des Netzes von Teilinternaten und eine Weiterentwicklung der Kooperationsprojekte „Eliteschule des Sports", „Sportbetonte Schule" (mit Sportklassen) und „Partnerschule des Leistungssports" (ohne Sportklas-

sen) bilden derzeitige Arbeitsschwerpunkte des Landesprogramms.
Die Spitze sportlicher Förderung durch die Schulen stellen die fünf neuen NRW-Sportschulen dar, die bis zum Schuljahresbeginn 2009/2010 aufgebaut werden. Als Teil des Verbundsystems Schule und Leistungssport zeichnen sie sich u.a. durch eine deutliche Steigerung von Umfang und Qualität des Sportunterrichts und außerunterrichtlicher Bewegungs- und Sportangebote aus.
Auch die sportmedizinische Betreuung der jungen Sportler im Landesprogramm wird mit der Unterstützung der Sportstiftung NRW auf eine neue und solide Basis gestellt.

Die Bemühungen um eine verbesserte Aus- und Fortbildung von Nachwuchstrainern werden mit den Initiativen des DSB im Bereich der „Trainer-C, Profilbildung Kinder/Jugendliche" gekoppelt. Jährliche, in der Zusammenarbeit mit den Olympiastützpunkten stattfindende Trainerseminare und der internationale Workshop „Talentsuche und Talentförderung", der eine Plattform des Erfahrungsaustausches von Trainern, Sportwissenschaftlern, Sportpolitikern und Verbandsvertretern zu Fragen des Nachwuchsleistungssports bildet, ergänzen diese Arbeiten. Der Erfahrungsaustausch der Partner des Landesprogramms wird zusätzlich durch regelmäßige Treffen der Ausschüsse für den Schulsport in den 54 Kreisen und kreisfreien Städten des Landes NRW mit den Projektleitern in ständigem Fluss gehalten. Zum vertieften Informationsaustausch der Schulen der Verbundsysteme Schule und Leistungssport mit den Talentzentren und den Bundes- und Landesleistungsstützpunkten werden jährlich spezielle Veranstaltungen durchgeführt.

Der Überzeugung folgend, dass eine Verbesserung der Nachwuchsförderung im Leistungssport nur durch Veränderungen im Bereich des Trainings und der Wettkämpfe für Kinder und Jugendliche erreicht werden kann, sind auf Initiative des Landesausschusses „Talentsuche und Talentförderung" für über 20 Sportarten Arbeitsgruppen der Landes- und Spitzenfachverbände einberufen worden, die entsprechende Rahmentrainingskonzeptionen und Vorschläge für neue Kinder- und Jugendwettkämpfe entwickeln. Diese sollen obligatorisch Eingang in die Traineraus- und -fortbildung finden.

Westdeutscher Tischtennis-Verband	Deutscher Tischtennis-Bund
1. Auflage	
Dirk Huber, Verbandstrainer	Martin Adomeit, Bundestrainer Damen
Norbert Kube, Jugendbildungsreferent	Ronald Raue, Bundestrainer
Norbert Weyers, Breitensportreferent	weibl. Nachwuchs
Johannes Pörsch, Talentsichtungsprojekt Düsseldorf	
2. Auflage	
Dirk Huber, Verbandstrainer	Dirk Schimmelpfennig, Sportdirektor
Stephan Schulte-Kellinghaus, Verbandstrainer	
Sandra Münzl, Lehrreferentin	
Norbert Weyers, Breitensportreferent	

Abb. 2: Zusammensetzung der Arbeitsgruppe Tischtennis

Mit neuen Rahmentrainingsplänen und neuen kind- und jugendgemäßen Wettkampfkonzeptionen soll das System des langfristigen und gestuften Leistungsaufbaus vom Einstieg in die gezielte Förderung in den Talentsichtungs- und Talentförderungsgruppen in gemeinsamer Arbeit von Schule und Sportverein bis zum Training der D/C-Kader der Sportfachverbände gestützt und gleichzeitig eine Reformierung der Trainingsinhalte und ihrer Umfänge durchgeführt werden.

Ziel ist es, zu verhindern, dass Organisationsformen und Strukturen des Erwachsenentrainings im Leistungssport einfach auf das Training mit Kindern und Jugendlichen übertragen werden. Konkrete Vorgaben und sportwissenschaftlich begründete Empfehlungen für Training und Wettkampf müssen zur Vermeidung einer zu frühen Spezialisierung beitragen, hingegen kann mit der Entwicklung allgemeiner koordinativer Fähigkeiten durch eine vielseitige Grundausbildung nicht früh genug begonnen werden. So stehen die Bemühungen um ein breit gefächertes Angebot an sportmotorischen Erfahrungen und ein vielseitiges, auf die Zielsportart ausgerichtetes Training unter Einbeziehung sogenannter Ergänzungssportarten während der Talentsichtungs- und Talentförderphase sowie des Grundlagen-Kadertrainings bei den Überlegungen in den gemeinsamen Arbeitsgruppen des Landesausschusses „Talentsuche und Talentförderung" und der Sportfachverbände im Mittelpunkt.

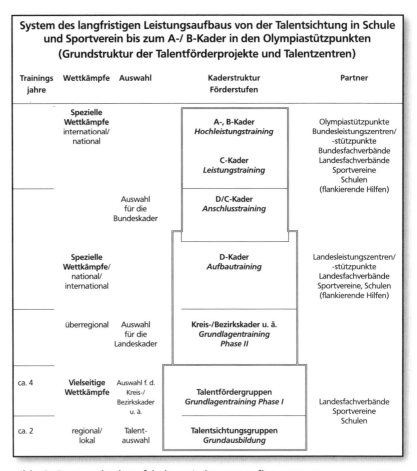

Abb. 3: System des langfristigen Leistungsaufbaus

Diese Arbeitsgruppen haben auch den Auftrag, neue Wettkampfkonzepte für die unteren Ausbildungsstufen zu erarbeiten. Bei diesen Wettkampfprogrammen steht die Spezialsportart der Kinder/Jugendlichen im Zentrum, sie wird jedoch ergänzt durch Wettkämpfe in begleitenden Sportarten und/oder durch koordinative/konditionelle Zusatzwettbewerbe.

Die Notwendigkeit entwicklungsgemäßer Wettkämpfe ist beim Blick in die Wettkampf-Praxis immer noch augenfällig. In den untersten Altersklassen vieler Sportarten werden nach wie vor Titel bis zum Deutschen Meister in den spezialisierten Wettkampfsparten des Erwachsenensports vergeben. Welche Auswahlmechanismen hier greifen, welche

Art von Training die Kinder zu diesen „Erfolgen" befähigt, und welche Konsequenzen körperlicher und psychischer Art damit verbunden sind, ist bereits vielfältig diskutiert worden. Solche „Erfolge" können durch gesundheitliche Folgen dieses Trainings sowie durch Motivationsprobleme in aller Regel nicht bis in das Höchstleistungsalter der jeweiligen Sportart konserviert bzw. ausgebaut werden.

Durch die Verbindung von entwicklungsgemäßen Trainingsplänen mit Wettkämpfen, die Inhalte eines solchen vielseitigen Trainings einfordern, kann das Problem der frühen Spezialisierung aufgebrochen werden, wenn diese Absicht von allen Beteiligten, also Athleten, Trainern, Verbandsvertretern und Eltern, ernst genommen wird.

3 Modell der Talentsuche und Talentförderung

3.1 Der Begriff des Talentes

Um ein Talent zu erkennen, müssen alle „Fähigkeiten und Fertigkeiten aus unterschiedlichen Bereichen" beschrieben werden, die „der Athlet in höherem oder geringerem Maße besitzt" (HAHN 1982). Dazu zählen bei den „klassischen" Definitionen die Bereiche
- Disposition (das Können des Athleten)
- Bereitschaft (das Wollen des Athleten)
- Soziales Umfeld (die Möglichkeiten des Athleten)
- Resultate (die wirklich erreichten Ergebnisse des Athleten)
(JOCH 1992)

Langfristiger Prozess der Talententwicklung

Ziel ist es, auf dieser Basis eine Prognose zu erstellen, die das Erreichen einer hohen Endleistung des Sportlers einschätzt. Die Förderung des Talentes setzt dann einen Prozess in Gang, der einen starken Einfluss auf die Entwicklung des Sportlers hat. Dieser Prozess verläuft nicht immer gleichmäßig, sondern kann auch Rückschritte oder Stagnation beinhalten. JOCH beschreibt den Prozess der Talententwicklung deshalb wie folgt:
„Talententwicklung ist ein aktiver, pädagogisch begleiteter Veränderungsprozess, der intentional durch Training gesteuert wird und das Fundament für ein später zu erreichendes hohes (sportliches) Leistungsniveau bildet" (JOCH 1992).
Der angesprochene Veränderungsprozess bedarf einer intensiven Begleitung und Steuerung, die sich daran orientiert, welche Fähigkeiten, Kenntnisse und Fertigkeiten die Talente in welcher Altersstufe haben sollen, welche Trainingsmaßnahmen zu ergreifen sind und wie das Umfeld auf die Talententwicklung einwirkt.

3.2 Verfahren der Talentsichtung

Motorische Sichtung

Die Talentsichtung im Tischtennis beschränkt sich meist auf den Bereich der Motorik (Disposition) und der Resultate. In den vergangenen Jahren wurden Testbatterien entwickelt und optimiert, die objektiv Auskunft über die Förderungswürdigkeit von Talenten geben sollten. Dabei wurde aber selten von einem komplexen Anforderungsprofil für die Sportart ausgegangen. Vielmehr wurden Tests aus anderen Sportarten übernommen, die bei den als besonders wichtig erscheinenden konditionellen und koordinativen Fähigkeiten (Fähigkeit = angeborenes

Attribut; z. B. auch motorische Geschicklichkeit) und Fertigkeiten (Fertigkeit = erworbene Attribute wie z. B. Techniken etc.) Auskunft über den Leistungsstand geben sollten. Hinzu kamen – selten – auch andere Überprüfungen, wie z. B. Konzentrationstests. Inwieweit diese Tests aber objektive Aussagen über ein Tischtennistalent machen konnten, wurde nie untersucht. Deshalb beschränkte sich die Talentsichtung im Tischtennis sehr oft auf die Auswahl allgemeinmotorisch talentierter Sportler.

Als ein wichtiges Merkmal bei der Talentsichtung gilt auch die Erfahrung des Trainers. Zwar ist dies nur ein subjektives Merkmal und birgt das Risiko der völligen Fehleinschätzung, jedoch ist die Trainereinschätzung zur Erkennung eines sportartspezifischen Talents bei einer so komplexen Sportart wie Tischtennis unverzichtbar.

Für beide Maßnahmen der Talentauswahl gilt ein geringer Prognosewert: „Sie trennen oft nicht Spreu vom Weizen, sondern verwechseln manchmal beides. So kann der Testversager durchaus Medaillenanwärter werden, und der Testgewinner könnte im geschlagenen Feld der Drop-outs landen" (HAGEDORN 1997). Dennoch kann auf beide im Sinne einer frühzeitigen Hinführung zum Leistungssport nicht verzichtet werden.

Talentsichtung muss künftig integriert ablaufen: „Gesucht werden müssten solche Talente, die in umfassender Weise für den Leistungssport konstitutionell und psychisch disponiert und motiviert sind sowie in einem förderlichen Milieu aufwachsen.[...] Unsere Such-Strategie muss somit die genetischen, konstitutionellen und dispositionellen Voraussetzungen zu erfassen trachten im Sinne einer ganzheitlichen Integration. Sie muss sich zugleich offen halten für eine Langzeit-Entwicklung ‚unentdeckter' Talente, die unserer Suchstrategie durch die Maschen gehen" (HAGEDORN 1997).

Ganzheitliche Sichtung

Bei allen Unwägbarkeiten sind und bleiben Talentsichtungsmaßnahmen ein wichtiger Schritt zur Förderung des Leistungssports, müssen zukünftig aber immer wieder den Gegebenheiten angepasst und revidiert werden.

Im folgenden werden unterschiedliche Möglichkeiten der Auswahl von Tischtennistalenten aufgezeigt, die im Sinne Hagedorns integriert werden müssen.

Sportmotorische Tests

Für den WTTV-Bambini-Cup wurde die folgende Testreihe konzipiert, die unterschiedliche konditionelle und koordinative Fähigkeiten überprüft. Diese Tests haben den Vorteil, dass sie ohne großen Materialaufwand in jeder Turnhalle jederzeit durchzuführen sind:

Bambini-Cup

- „Ballgefühl"
- „Slalom über die Brücke"
- „Drunter und Drüber"

- „Bandenwald"
- „Sternlauf"
- „Achterlauf"

Für das Projekt „Tischtennis" im Rahmen des Landesprogramms „Talentsichtung / Talentförderung" in Mönchengladbach hat sich ein eigener Test bewährt, der es ermöglicht, allgemeine Aussagen über die sportmotorische Entwicklung der Kinder zu machen.
Als dritter Test kann der für den Wettbewerb „Jugend trainiert für Olympia (JtfO)" konzipierte Wettbewerb genommen werden.
Eine ausführliche Beschreibung der Tests sowie der Bewertungskriterien findet sich im Kapitel 8.2.

Ergebnisse

Sportliche Erfolge

Bei den Ranglisten bzw. Sichtungen der einzelnen Verbände oder deren Untergliederungen müssen die Talente vordere Platzierungen erreichen; i.d.R. unter den besten Zwölf.

Motivation

Verzicht auf Untersuchung der Motivation

Die Untersuchungen von SACK zum Sportinteresse Jugendlicher haben deutlich gemacht, dass Sportler mit einer hohen Leistungsmotivation deutlich länger bereit sind, im Sport bei Training und Wettkampf mitzuarbeiten. Deshalb ist auch beim Tischtennis die Motivation der Talente von entscheidender Bedeutung. Aber es ist fraglich, wie stabil Ergebnisse einer Motivationsüberprüfung im Alter von bis zu zwölf Jahren (und darüber hinaus) sind. Veränderte Lebensbedingungen, die schulisch-berufliche Entwicklung, das soziale Umfeld u.a.m. können die Leistungsmotivation erheblich beeinflussen. Positiv wirkt sich sicherlich die Teilnahme an Fördermaßnahmen aus.
Im Wissen um die Schwierigkeit von Voraussagen in diesem Bereich und auch wegen der methodischen Probleme – hier ist umfangreiches Fachwissen der Talentsichter gefragt – verzichtet diese Rahmentrainingskonzeption auf Tests zur Motivationskontrolle.

Soziales Umfeld

Unterstützung von Eltern, Schule, Verein

Ohne Unterstützung der Eltern in allen Bereichen (Fahrdienst, Lebensplanung etc.), der Schule (Freistellungen vom Unterricht etc.) und der Vereine (Verzicht auf „ihr" Talent) ist eine Talentförderung nicht möglich. Bei einer Sichtung müssen auch diese Voraussetzungen überprüft werden. Notwendig ist es hier, Gespräche mit den Eltern und anderen Personen aus dem Umfeld der Talente zu führen und die Unterstützungsbereitschaft subjektiv einzuschätzen.

Quereinsteiger / Umsteiger

Auch wenn Tischtennis eine komplexe Sportart und ein hoher Trainingsumfang notwendig ist, besteht die Möglichkeit für Quereinsteiger oder Umsteiger, also Jugendliche, die zunächst bei anderen Sportarten trainiert haben oder erst spät zum Leistungssport finden, in die Leistungsförderung der Verbände einzusteigen. Eine Sichtung für diese Gruppe findet natürlich nicht mehr statt; vielmehr sind die erspielten Ergebnisse bei Ranglisten und Meisterschaften ausschlaggebend. Notwendig ist bei dieser Gruppe aber eine umfassende und stabile allgemeinmotorische Grundausbildung, ohne die ein Trainingsrückstand von bis zu einigen Jahren nicht mehr aufgeholt werden kann. Gute Voraussetzungen haben deshalb vor allem Umsteiger aus anderen Sportarten, die dort bereits leistungsmäßig trainiert haben.

Späterer Einstieg in die Talentförderung

3.3 Fördersystem des DTTB

Zur Zeit bestehen in den Regional- und Landesverbänden innerhalb des DTTB unterschiedliche Strukturen bei der Talentsichtung und -förderung. In Anlehnung an das Regionalkonzept von WTTV und DTTB wird deshalb die folgende Struktur einer zukünftigen Sichtung und Förderung für den Bereich des gesamten Deutschen Tischtennis-Bundes zugrunde gelegt.

Werbe- und Sichtungsmaßnahmen durch die Vereine

Während die meisten Vereine keine oder nur unzureichende Werbemaßnahmen ergreifen, um Kinder und Jugendliche für den Tischtennissport zu begeistern, nutzen andere die Hilfen und Angebote der Verbände. Die wichtigste Maßnahme ist sicherlich die „Tischtennis-mini-Meisterschaft", an der in jedem Jahr bundesweit etwa 50.000 Kinder zwischen 6 und 12 Jahren teilnehmen. Ergänzt wird diese Aktion durch den „Girls-Team-Cup", der sich speziell an Mädchen wendet. Daneben wird auch die Möglichkeit der Kooperation mit Schulen (Arbeitsgemeinschaften, Schnupperkurse, offener Ganztag etc.) genutzt. Einige wenige Vereine beteiligen sich auch an den Talentsichtungs- und Fördermaßnahmen der Landessportbünde. In der Regel arbeiten auf dieser Ebene C-Lizenz-Trainer, selten Inhaber höherer Lizenzstufen.

Mitgliederwerbung

Sichtungs- und Fördermaßnahmen der Verbände

Neben speziellen Sichtungsmaßnahmen (z. B. Bezirks-Sichtungs-Training im WTTV) werden verstärkt auch kindgerechte Talentsichtungen durchgeführt (Bambini-Cup, NRW-Talent-Cup etc.). Diese führen zu ersten Fördermaßnahmen auf regionaler Ebene (Kreis- und / oder Bezirksstützpunkte) mit ein- bis zweimaligem wöchentlichen Training.

Erste Sichtung

Für die besten Nachwuchsspieler stehen in der nächsten Stufe dann die Landesleistungsstützpunkte offen, an denen bis zu fünfmal wöchentlich trainiert werden kann. In der Regel wird das Stützpunkttraining von B- oder A-Lizenz-Inhabern geleitet.
Ergänzt werden diese Maßnahmen durch Kaderlehrgänge, die etwa einmal monatlich durchgeführt werden. Hier sind die Landestrainer zuständig.

Sichtungs- und Fördermaßnahmen des DTTB

Bundessichtung

Einmal jährlich führt der DTTB in den vier Regionalverbänden eine Sichtungsmaßnahme (1. Stufe) durch, aus denen die jeweils besten Nachwuchsspieler der Verbände ausgewählt und zu weiteren Maßnahmen (2. und 3. Stufe) auf Bundesebene eingeladen werden. Die talentiertesten Spieler dieser Sichtungsstufen kommen in den sogenannten „D/C-Mini-Kader". Nach ein bis zwei Jahren weiterer Entwicklung können sich Spieler dieser Leistungsklassen in die D/C-Kader des DTTB hineinspielen und die Gelegenheit nutzen, im Deutschen Tischtennis-Zentrum (DTTZ) in Düsseldorf mit angeschlossenem Internat zu leben und zu trainieren.

Trainingsschwerpunkte des DTTB

In Zusammenarbeit mit den Bundestrainern sowie den Landestrainern entwickelt der Deutsche Tischtennis-Bund jährlich seine Trainingspläne weiter und setzt neue Schwerpunkte für das Training. Diese Trainingsschwerpunkte werden ständig aktualisiert und sind auf der Homepage des DTTB zu finden.

3.4 Fördersystem des WTTV

Die 1370 Vereine des WTTV sind in fünf Bezirken und 35 Kreisen organisiert. Die Bezirke und Kreise sind selbständig und betreiben nur vereinzelt Nachwuchsförderung durch Kreisstützpunkte oder Lehrgangsmaßnahmen der Bezirke für B- und C-Schüler. Das Fördersystem des WTTV bezieht folgende Strukturelemente mit ein:

Zusammenarbeit mit dem Schulsport

Zusammenarbeit Schule-Verein

Obwohl Tischtennis keine verpflichtende Sportart an allen Schulformen ist, beteiligt sich eine große Zahl von Schulmannschaften am Landessportfest der Schulen. Allerdings sind die Teilnehmerzahlen stark rückläufig, was aber vor allem schulinterne Gründe hat. Diese Mannschaften setzen sich hauptsächlich aus aktiven Vereinsspielern zusammen; nur selten werden Talente über diese Wettbewerbe neu gewonnen. Eine wichtige Talentsichtung bilden dagegen die freiwilligen Schülersportge-

meinschaften; diese Form der Sichtungsmaßnahmen wird im gesamten Verbandsgebiet angeboten. Dabei ist besonders die Zusammenarbeit mit den Talentförderprojekten (s. u.) hervorzuheben.
Zukünftig werden sich die Vereine besonders im Bereich der Offenen Ganztagsschule engagieren müssen, um die Kinder zu erreichen, die bis ca. 16 Uhr in den Schulen verbleiben und danach kaum noch Gelegenheit haben, sich im Vereinssport zu entwickeln.

Talentförderprojekte
Talentförderprojekte sind ein Strukturelement des NRW-Landesprogramms zur Talentsuche / Talentförderung. Grundlage dieser Beschreibung ist das Regionalkonzept des WTTV (2005). Es gibt derzeit Talentförderprojekte in Düsseldorf, Krefeld, Neuss, Soest, Rödinghausen und Mönchengladbach. Im zurückliegenden Olympiazyklus hat sich das Talentförderprojekt Düsseldorf zu einem Teilzeitinternat entwickelt, in dem Talente nach dem Schulbesuch neben täglichem und qualifiziertem Training noch die Möglichkeiten des Mittagessens und der Hausaufgabenbetreuung bzw. des betreuten Lernens haben. 2006 wurde das Teilzeitinternat in das Bundesleistungszentrum integriert.

Projekt „Talentsichtung und -förderung"

Landesleistungsstützpunkte
Es gibt derzeit im WTTV vier Landesleistungsstützpunkte: Rödinghausen, Düsseldorf, Herne, Köln-Porz. In diesen Landesleistungsstützpunkten (LLStp) wird zwischen ein- und fünfmal in der Woche unter der Regie von zwei bis drei A- oder B-Lizenz-Trainern trainiert. Die Spieler dieser Stützpunkte haben Anreisen von bis zu 90 km zu absolvieren.
Ziel des Regionalkonzeptes ist eine intensivere Förderung, besonders im Landesleistungsstützpunkt in Düsseldorf, der seit der Saison 2006 / 2007 zu einem Landesleistungszentrum mit täglicher Trainingsmöglichkeit ausgebaut wurde. Hier werden auch Aufgaben der Talentsichtung und Talentförderung übernommen und man ist gleichzeitig bemüht, Kinder und Jugendliche ans höchste nationale und internationale Niveau zu führen. Das Landesleistungszentrum arbeitet mit dem Deutschen Tischtennis-Zentrum (DTTZ) eng zusammen.

Stützpunkttraining

Lehrgangsmaßnahmen
Zur speziellen Leistungsförderung und Ergänzung des Stützpunkttrainings werden vom WTTV Lehrgänge durchgeführt. Die Teilnahme am Training eines Landesleistungsstützpunktes ist Voraussetzung für die Lehrgangsteilnahme. Hier werden für den D-Kader Wochenendlehrgänge und in den Ferien Wochenlehrgänge in Sportschulen angeboten. Diese Lehrgänge finden für jeweils 20 Spieler statt. Es wird unterteilt in den Vorkader und den Kader. Im Vorkader nehmen die jüngsten Spieler des Verbandes teil, dies sind in der Regel C- und B-Schüler (D-Kader). Im Kader trainieren dementsprechend die A-Schüler und die besten Ju-

Kaderlehrgänge

gendlichen (D-Kader). Das Training läuft unter der Regie von zwei bis drei A-Lizenz-Trainern.

Die Sichtung für die D-Kader und damit für die Teilnahme am Stützpunkttraining erfolgt zweimal jährlich in den Landesleistungsstützpunkten. Dort werden zur Talentsichtung Spieler eingeladen, die bisher bei den verschiedensten Veranstaltungen mit ihrem Talent aufgefallen sind. Diese Veranstaltungen sind z. B. die Mini-Meisterschaften, der Bambini-Cup, der Girls-Team-Cup, die Kreis- und Bezirksmeisterschaften und -ranglisten. Ebenso wichtig sind Empfehlungen durch die Vereinstrainer und die Trainer verschiedenster Fördermaßnahmen in den Kreisen und Bezirken sowie auch häufig die Empfehlungen von Funktionären aus dem Jugend- und Schülerbereich. Die für besonders talentiert befundenen Kinder werden ca. acht- bis zehnmal im Jahr an Sonntagen zu zentralen Talentlehrgängen ins TT-Zentrum nach Düsseldorf eingeladen. Diese Spieler nehmen meist auch schon am Training in den Landesleistungsstützpunkten teil. Spieler die dorthin nicht eingeladen werden, sind erfasst und bekommen bei einer entsprechenden sportlichen Entwicklung zu einem späteren Zeitpunkt eine weitere Möglichkeit der Sichtung bzw. Förderung. Bei den regionalen Ranglisten der C-und B-Schüler findet aufgrund der erzielten Resultate eine für das Förderjahr abschließende Beurteilung statt. Es besteht für Seiteneinsteiger (Spieler, die bisher nicht gesichtet wurden) und Spieler mit einer sehr guten Leistungsentwicklung jederzeit die Möglichkeit, in eine entsprechende Förderung zu kommen.

3.5 Entwurf einer verbesserten Förderstruktur für den WTTV

Verbessert werden kann – und muss – die Förderstruktur auf allen Ebenen:

Kooperation verschiedener Ebenen

Verein: Die Vereine müssen durch qualifiziertes kindgerechtes, mindestens zweimal wöchentliches Training in allen Bereichen, besonders aber in Förderstufe I, die koordinativen, konditionellen, technisch-taktischen und motivationalen Grundlagen für ein Fördertraining schaffen. Die Vereine müssen durch aktive Mitarbeitergewinnung personelle Voraussetzungen in allen Bereichen schaffen.

Kreis / Bezirk: In den regionalen Untergliederungen muss mindestens zweimal wöchentlich ein Fördertraining durch qualifizierte B- oder A-Lizenztrainer stattfinden, das durch ein zusätzlich mindestens einmal wöchentlich stattfindendes Vereinstraining unterstützt wird.

Verband: Mindestens dreimal wöchentlich trainieren die talentiertesten Spieler in einem Landesleistungsstützpunkt (LLStp), der von A-Lizenz-Trainern geleitet wird. Die Fahrtstrecken zu den LLStp sollten nicht mehr als 90 km betragen, um nicht zu viel Zeit in Anspruch zu nehmen. Schulische Belastungen und auch außersportliche Aktivitäten können dadurch aufgefangen bzw. ermöglicht werden. Daneben sind tägliche Trainingsmaßnahmen in ausgewählten Zentren anzubieten, die in der Form von Teilzeitinternaten auch Hausaufgabenbetreuung, medizinische Betreuung u.a.m. ermöglichen. Ein solches Zentrum ist in Düsseldorf bereits installiert. Parallel ist einmal monatlich ein Kaderlehrgang (Freitag–Sonntag) anzubieten, in dem die besten Spieler der LLStp verstärkt gefördert werden.

Alter	Jahrgangsstufen der Wettkämpfe	Förderstufen auf regionaler Ebene	Förderstufen auf nationaler Ebene	Trainingsumfang je Woche/Stunden	Durchlauf
6–7 Jahre	Bambini	FS I Gruppen in der Sichtung		mind. 3 Einheiten/Woche; von 0,5–1,0 Stunden gesteigert auf 1,0–2,0 Stunden	Dreimaliger Durchlauf des Methodik-Modells
8–9 Jahre	Bambini/ C-Schüler	FS II Gruppen in der Förderung		4–5 Einheiten zu 2–2,5 Stunden	Zweimaliger Durchlauf des Methodik-Modells
10–12 Jahre	C-Schüler, B-Schüler	FS III ⟷	D-Kader	4–6 Einheiten zu 2–3 Stunden	Methodik-Modell ab Lernschritt 3
13–14 Jahre	A-Schüler	⟷	D-Kader	6–8 Einheiten zu 2–3 Stunden	
15–17 Jahre	Jugend	FS IV ⟷	D-Kader FS V	8–10 Einheiten zu 2,5–3 Stunden	

Abb. 4: Aktuelle Struktur des langfristigen Leistungsaufbaus im Tischtennis auf regionaler und nationaler Ebene (WTTV-REGIONALKONZEPT 2005/RAHMENTRAININGSPLAN DTTB 2003)

3.6 Mädchen im Nachwuchsleistungssport

faktische Differenzen zwischen den Geschlechtern

Der Nachwuchsleistungssport ist nicht allein ein Leistungssport von Kindern und Jugendlichen, er ist auch einer von Mädchen und Jungen bzw. jungen Frauen und Männern. Diese lange Zeit vernachlässigte Unterscheidung ist notwendig angesichts der faktischen Differenzen zwischen den Geschlechtern auf körperlicher und psycho-sozialer Ebene, die sowohl natürlichen Ursprungs als auch Ergebnis sozialer Prozesse sind.

Perspektive von Chancengleichheit

Die Auseinandersetzung mit diesen Differenzen birgt unter der Perspektive von Chancengleichheit (nicht nur) im Leistungssport ein Dilemma: Das Reden über und Reflektieren von Geschlechterdifferenzen scheint einerseits notwendig, um Mädchen auf dem Weg zu sportlichen Höchstleistungen gerecht werden und sie optimal unterstützen zu können. Gleichzeitig birgt die Thematisierung von Differenzen die Gefahr von ungewollten Verfestigungen traditioneller Bilder von Mädchen (und Jungen) bis hin zu Stereotypisierungen. Wesentlich erscheint es daher, für Differenzen zwischen den Geschlechtern sensibel zu sein bzw. zu werden, ohne darüber die große Heterogenität innerhalb der Gruppierungen „Mädchen" bzw. „Jungen" sowie die vielfältigen Überschneidungen zwischen diesen Gruppierungen zu übersehen.

widersprüchliche Leitbilder

Mädchen sind aktuell mit widersprüchlichen Leitbildern – z. B. das der „guten Mutter" neben dem der „erfolgreichen und selbstständigen Frau" – konfrontiert. Das weist einerseits auf die Erhöhung von Möglichkeiten hin, birgt andererseits die Gefahr von Verunsicherung bei der Entwicklung der eigenen Identität. Auch wenn sich traditionelle Geschlechterordnungen und -zuschreibungen in den letzten Jahren deutlich verändert und angenähert haben, lassen sich ebenso gegenläufige Tendenzen der Entstehung neuer Ungleichheiten konstatieren.

formale Gleichstellung – tatsächliche Situation

Gerade der Leistungssport gilt als ein Feld, in dem Geschlechterdifferenzen und Stereotype deutlicher zu Tage treten als in anderen gesellschaftlichen Teilbereichen. Naheliegender Hintergrund hierfür ist die herausragende Bedeutung des Körpers für die Leistungserbringung. Die in vielen Sportarten und Disziplinen inzwischen erreichte formale Gleichstellung sagt dementsprechend noch nichts über die konkreten Interaktionen in Training und Wettkampf und damit die tatsächliche Situation von Mädchen und Frauen im Leistungssport aus.

Rollenkonflikte

Eine grundlegende Problematik liegt für Mädchen und junge Frauen im Leistungssport darin, dass die Logik des Leistungssportsystems mit den traditionell Frauen zugeschriebenen Stereotypen kollidiert. Die Orientierung am Ziel der Überbietung erfordert Leistungsstreben, Dominanz, Durchsetzungswillen, Kampf, Härte gegen sich selbst und den Gegner u. ä. m. Für Mädchen kann der Leistungssport gerade deshalb ein attraktives Betätigungsfeld darstellen! Es resultieren allerdings auch – je nach Sportart unterschiedlich starke – Rollenkonflikte. Sowohl in der Außen-

als auch in der eigenen Wahrnehmung lassen sich die sportartspezifischen Handlungen oft nur schwer mit den gesellschaftlich geprägten Vorstellungen des „Frau-" bzw. „Mädchenseins" in Einklang bringen. Das gilt in einigen Sportarten und Disziplinen auch für das durch intensives Training veränderte Aussehen, das nicht dem gängigen Schönheitsideal entspricht. Dieses Schönheitsideal spielt aber eine dominante und nicht zu unterschätzende Rolle in der Fremd- und Selbstwahrnehmung von Mädchen und Frauen.

Für Mädchen ist es nicht nur schwieriger als für Jungen, sportliche Leistungen identitätsstützend in ihr Selbstbild zu integrieren und diese zur sozialen Positionierung zu nutzen. Sie stehen zudem vor dem Problem, dass ihre sportlichen Leistungen zu einer Abwertung ihrer Weiblichkeit führen können. Hier existieren sicher sportartspezifische Unterschiede, was die Ausprägung dieses Dilemmas angeht, prinzipiell gilt es aber für den gesamten Leistungssport. Sportliche Leistungen stellen eine Gefährdung des Status „Mädchen" bzw. „Frau" dar und bergen dementsprechend das Risiko sozialer Ausgrenzung. Damit gestaltet sich häufig sowohl der Zugang von Mädchen zum Leistungssport als auch das Aufrechterhalten einer dauerhaften Motivation schwierig.

Soziale Beziehungen zu Gleichaltrigen sind gerade in der Kindheit und Jugend von entscheidender Bedeutung für die psycho-soziale Entwicklung. Im Gegensatz zu den Trainingsgruppen von Jungen wird die Gruppenstruktur bei Mädchen offenbar nur sekundär durch die Leistung bestimmt. Entscheidender scheinen emotionale Aspekte wie Sympathie und Antipathie zu sein. Herausragende sportliche Leistungen führen damit nicht ohne weiteres zu einer herausragenden, positiv besetzten Position in der Gruppe. Im Gegenteil können „zu gute" sportliche Leistungen sogar innerhalb der Trainingsgruppe zu Ausgrenzungen führen. Für Mädchen ist es damit oftmals schwierig, sowohl ihrem Bedürfnis nach sozialem Anschluss als auch dem Wunsch nach sportlicher Leistung gleichzeitig nachzukommen.

soziale Beziehungen zu Gleichaltrigen

Die sozialen Beziehungen zum Trainer scheinen bei Mädchen eine deutlich höhere Bedeutung zu haben als bei Jungen. Mädchen haben tendenziell ein stärkeres Bedürfnis nach einer engen Beziehung zum Trainer. Damit verbindet sich eine erhöhte Verantwortung hinsichtlich eines angemessenen Umgangs mit dem Vertrauen und den Gefühlen der Athletinnen.

soziale Beziehungen zum Trainer

Ein besonders heikles Thema stellt das der sexuellen Gewalt dar, der Mädchen im Leistungssport in größerem Maße ausgesetzt zu sein scheinen als Jungen. Das Spektrum reicht dabei von verbaler Gewalt in Form von z. B. anzüglichen Bemerkungen, über von den Mädchen (aber auch Jungen) nicht gewollte Berührungen – seien es Hilfestellungen, Umarmungen o. ä. – bis hin zu körperlicher Nötigung. Hier ist die Schaffung einer gewaltfreien Atmosphäre sowie entsprechende Aufmerksamkeit von Seiten der Vereine und Verbände von entscheidender Bedeutung.

gewaltfreie Atmosphäre

Pädagogische Verantwortung zeigt sich auch im Umgang mit der bereits angesprochenen Körperlichkeit. Gerade in der Pubertät werden die körperlichen Entwicklungen von den Mädchen genauestens beobachtet, sie fühlen sich möglicherweise unwohl angesichts der wahrgenommenen Veränderungen. Verstärkt wird diese Problematik in manchen Sportarten und Disziplinen durch die trainingsbedingten Muskelzuwächse, während in anderen die Notwendigkeit, ein sportartspezifisches Optimalgewicht erreichen zu müssen, die Situation verschärft. Dass hier bei fehlendem Einfühlungsvermögen von Seiten des Trainers massive psychische Belastungen entstehen können bis hin zu krankhaften Essverhaltensstörungen, ist hinlänglich bekannt. Eine entsprechende Sorgfalt auf Trainerseite zeigt sich darin, dass neben den sportlichen Anforderungen in mindestens gleicher Weise die Person der Sportlerin in ihrer psycho-sozialen Entwicklung Beachtung findet.

Sensibilisierung von Trainern

Dass an dieser Stelle keine konkreten Handlungsanweisungen für den Umgang mit Mädchen und Frauen im Leistungssport gemacht werden können, hängt vor allem damit zusammen, dass Mädchen- (und Jungen-)förderung stets die je individuelle Berücksichtigung der jeweiligen Problemlage erfordert und nicht auf der Basis von Stereotypen erfolgen kann. Ansonsten resultiert der gegenteilige Effekt einer weiteren Verfestigung traditioneller Rollenbilder. Zudem kann wissenschaftliches Wissen die Entscheidungen des Praktikers zwar unterstützen, sie ihm aber nicht abnehmen. Letztendlich muss der Praktiker selbst situativ und individuell geeignete Handlungsansätze wählen. Die vorliegenden Ausführungen dienen in diesem Sinne zur Sensibilisierung von Trainern hinsichtlich ihrer Wahrnehmung der besonderen Situation von Mädchen und jungen Frauen im Leistungssport. Weiterführende Hilfe und Beratung können Olympiastützpunkte sowie die sportwissenschaftlichen Einrichtungen der Universitäten bieten.

Weiterführende Literatur zum Thema im Literaturverzeichnis.

Didaktisch-methodische Aspekte des Nachwuchstrainings

4.1 Einheit von Erziehung und Ausbildung

Die entscheidende Sozialisationsinstanz Heranwachsender ist neben der Familie der Freundeskreis und somit auch der Sportverein, weil aktive Jugendliche einen großen Teil ihrer Freizeit gemeinsam dort verbringen. Als Trainer muss man sich deshalb der Verantwortung gegenüber Kindern und Jugendlichen bewusst sein. Dabei genügt es nicht, sich in seinem gesamten Verhalten als Vorbild zu zeigen, sondern man muss auch bewusst allgemeine und sportimmanente Werte vermitteln.

Wichtige allgemeine Werte sind vor allem Selbständigkeit, Verantwortlichkeit, Kreativität und Selbstbewusstsein, Gesundheit und Selbstregulation sowie Fairness, wobei diese Werte auch für ein erfolgreiches leistungsorientiertes Sporttreiben von entscheidender Bedeutung sind. **Allgemeine Werte**
Ziel ist es, die Kinder und Jugendlichen zu lebenslangem Sporttreiben zu motivieren. Dabei sind drei Grundsätze zu beachten: Entwicklungsgemäßheit, Vielseitigkeit und Ganzheitlichkeit. Zunächst einmal muss der Trainingsprozess der Entwicklung der Spieler angepasst werden. Eine Übertragung von Prinzipien des Erwachsenentrainings wirkt kontraproduktiv. Kindgemäßes Training beinhaltet in erster Linie die Vermittlung von Freude an der Bewegung, die Weitergabe vielseitiger Inhalte und eine Orientierung an den Bedürfnissen der Kinder. Ein Beispiel hierfür sind die kindgerechten Wettbewerbe, die einerseits vielseitige Anforderungen stellen und den Wunsch der Kinder nach einem Leistungsvergleich erfüllen, andererseits aber für alle Teilnehmer Erfolgserlebnisse vermitteln und den Leistungsdruck für die Kinder minimieren können. Eine Einbindung solcher Wettbewerbe in das bestehende Wettspielsystem ist eine Forderung dieser Konzeption. **Kindgerechtes Training**

Tischtennisspieler sind Individualsportler und müssen einen großen Teil ihres Trainings sowie ihres Wettkampfes selber organisieren. Eine Heranführung an diese Aufgaben ist deshalb ein übergeordnetes Ziel des Trainingsprozesses. Daneben ist besonders im taktischen Bereich die Selbständigkeit des Sportlers von sehr großer Bedeutung, um den hohen Anforderungen des Wettkampftischtennis begegnen zu können. Dazu gehört auch, dass die Sportler durch ihre Trainer zum ständigen kritischen Hinterfragen angehalten werden. **Selbständigkeit**

Mit zunehmendem Alter wird das Motiv Gesundheit immer wichtiger. Gesundheit als „vollständiges körperliches, geistiges und soziales Wohlbefinden" (WHO-Definition) verlangt vom Athleten die Fähigkeit, verantwortungsbewusst mit seinem Körper umzugehen und Techniken der **Gesundheit**

Fairness

Selbstregulation (mentales Training etc.) zum Abbau von negativen Umwelteinflüssen einzusetzen. Auch diese Fähigkeiten muss ein Trainer vermitteln können.

Die Achtung und der Respekt vor den Leistungen der Gegner, die Beachtung der Regeln und der Verzicht auf Dopingmittel sind nur drei der vielfältigen Faktoren, die den Begriff Fairness ausmachen. Tischtennisspieler sollen trotz der Kommerzialisierung des Sports die moralisch-ethischen Werte achten und weitergeben. „Der Leistungsethos ist kein Fossil einer untergegangenen Epoche, das nur noch der ideologischen Verschönerung des Spitzensports dient, vielmehr stellt es nach wie vor sein unverzichtbares Wertezentrum dar, das es trotz aller Verfehlungen und Beeinträchtigungen zu verteidigen gilt" (HÄGELE 1997).

4.2 Grundsätze der Methodik

Tischtennis gehört zu den komplexesten Sportarten überhaupt. Ohne das perfekte Zusammenspiel von Technik und Taktik, von physischen und psychischen Faktoren ist ein erfolgreiches Tischtennisspiel nicht möglich. Ziel des Trainings muss es deshalb sein, eine „Spielfähigkeit" der Kinder und Jugendlichen zu erreichen und nicht nur eine Optimierung von Techniken, wie sie jahrzehntelang im Mittelpunkt stand.

Vielseitige Ausbildung

„Technik und Taktik sind sinnvoller Weise im Lernprozess nicht zu trennen. Nicht die lehrbuchhafte Ausführung der technischen Elemente, sondern angemessenes Handeln in einer bestimmten Situation ist zu lernen. Spielgemäße Situationen stellen die vereinfachten Grundformen [...] dar" (SCHALLER 1976).

Das „Spiel" ohne jegliche Vorgabe steht deshalb auch ganz am Anfang des Lernprozesses. Da man nicht davon ausgehen kann, dass Kinder ohne jeglichen Kontakt mit Tischtennis in die Vereine kommen und sich ein Trainer sofort um das neue Mitglied kümmert, kann man nicht mehr von einem „0-Anfänger" sprechen. Kinder wollen und sollen spielen; der Trainer hilft dann bei der weiteren Entwicklung.

Für die methodische Vorgehensweise im Tischtennis bedeutet dies, dass die Kinder durch vereinfachte Spielformen an das Zielspiel herangeführt werden. Dies erfolgt im sogenannten „WTTV-Methodikmodell", in dem die Anforderungen bei jedem Durchlauf des Modells auf höhere Fertigkeitsstufen gehoben werden.

Spielgemäßes Konzept

Spielformen im Tischtennis können in Form von geänderten Umgebungs- und Materialbedingungen oder durch allgemeinsportliche Übungen geschaffen werden (GEISLER 2006; KOEPSEL 2006). Es besteht aber auch die Möglichkeit, Spielformen durch ein aufgabenorientiertes Training zu gestalten. Hierbei wird z. B. nicht die Technik des Vorhand-Topspin geschult, sondern die Lernenden erhalten die Aufgabe, den Ball „leise zu streifen" und in einem Bogen über das Netz zu spielen. Bei diesem methodischen Vorgehen werden jedoch nur schwer „genormte" Bewegungsabläufe erreicht; die klassische Fehlerkorrektur, die im Training einen (zu) breiten Raum einnimmt, kann nicht mehr greifen – denn eine Bewegung ist nur dann falsch, wenn das vorgegebene Ziel nicht erreicht wurde. Dennoch kann durch Spielformen eine Annäherung an die Zieltechniken erreicht werden, wenn der Trainer durch Hilfsangebote den Lernprozess steuert.

Deduktive Methodik

Grundlage dieses Ansatzes sind zwei Prinzipien:

Prinzip der Vielseitigkeit
Die hohen allgemeinmotorischen Anforderungen der Sportart Tischtennis zwingen die Trainer, keine einseitige Ausbildung (z. B. Schwerpunkt auf Technikvermittlung) vorzunehmen, sondern über eine vielseitige Allgemeinausbildung die Grundlage für die Fähigkeit der Umsetzung komplexer Anforderungen zu schaffen. Dabei kommt besonders den ersten beiden Förderstufen mit einer umfassenden koordinativen und konditionellen Grundlagenschulung hohe Bedeutung zu. Vielseitige Ausbildung über die Sportart hinaus heißt aber auch, den Sportler zu einem verantwortungsbewussten, gesunden Umgang mit seinem Körper zu befähigen und zu lebenslangem Sporttreiben zu motivieren.

Kindgerechte Ausbildung

Prinzip der Spielfähigkeit
Kinder wollen vor der Pubertät über die Form des Spieles (nach Ortega y Gasset „zweckfreies Tun") ihre individuellen Fähigkeiten und Neigungen entwickeln. Sie wollen abwechslungsreich und vielfältig Sport treiben. In der Spezialsportart muss somit gewährleistet sein, dass sie spielfähig werden, d.h., dass sie in der Lage sind, mit ihren technischen und taktischen Fähigkeiten eine Spielhandlung frei zu gestalten und durchzuführen. Eine technisch-taktische Grundschulung nach dem Prinzip der Teillernmethode – eine Technik wird bis zur Feinform geschult, dann folgt die nächste Technik – kann deshalb nicht das Ziel sein. Das Erlernen vieler technisch-taktischer Fähigkeiten über Vorformen, Grobformen bis zur Feinform soll jeweils nur so weit vorangetrieben werden, dass die Technik jederzeit veränderbar ist.

Fähigkeit, eine Spielhandlung durchzuführen

Langfristiger Trainingsaufbau
Der Entwicklungs- und Erziehungsprozess des Tischtennisspielers bedarf einer sorgfältigen, langfristigen Planung. Dieser langfristige Trainingsaufbau ist im Rahmentrainingsplan in vier Förderstufen (I–IV) unterteilt worden.

Förderstufen als Richtschnur

Dabei sind die Förderstufen nicht als starrer Rahmen zu verstehen, sondern als Richtschnur, an der der Trainingsprozess ausgerichtet werden kann. Die Altersstufen sind idealtypisch dargestellt und könnten auch durch Trainingsjahre ersetzt werden. Zu beachten ist außerdem die individuelle Lernfähigkeit der Kinder (motorische und koordinative Erfahrungen) sowie die individuelle Entwicklung (Pubertät, schulische Entwicklung etc.). Der Trainer muss letztlich den Lernprozess immer wieder den individuellen Gegebenheiten der Lerngruppe anpassen.

Förderstufe	Alter	Fördermaßnahmen	Technik	Taktik	Kondition	Koordination
FS I	7/8	Talentsichtung Grundlagentraining im Verein	Grobform der Schlagtechniken; 3-maliger Durchlauf des Methodikmodells	Wahrnehmung von Bällen in VH und RH, 2/3-VH-Tischaufteilung; bewusste, aktive Platzierung	Abwechslungsreiche allgemeine konditionelle Grundausbildung ohne anaerobe Belastungen und ohne Zusatzgewichte	Umstellungs- und Differenzierungsfähigkeit
FS II	9/10	Grundlagentraining in Verein, Kreis- und Bezirksstützpunkten	Feinform der Schlagtechniken; 2-maliger Durchlauf des Methodikmodells; Beinarbeitstechniken	Einschätzung kurzer und langer Bälle, Rotationserkennung, Erkennen der Neutralposition beim Gegner; bewusste, aktive Rotation	Abwechslungsreiche allgemeine konditionelle Grundausbildung ohne anaerobe Belastungen und ohne Zusatzgewichte; Beginn eines verstärkten Beweglichkeitstrainings	Reaktions- und Rhythmusfähigkeit
FS III	11/12	sportartspezifische Ausbildung in Verein, Landesleistungsstützpunkt, Kader der Verbände	Flip; Variationen der Grundtechniken; Beinarbeitstechniken	Tempo- und Rotationsveränderung; Erkennen gegn. Schwächen und Einschätzung der eigenen Stärken; Erfahrungen mit unterschiedlichen Spielmaterialien sammeln, Prinzip des Nachspielens (Doppel)	ausgeprägtes Beweglichkeitstraining; geringe Zusatzgewichte im Krafttraining	Gleichgewichtsfähigkeit, Differenzierungsfähigkeit, Kopplungsfähigkeit
FS IV	13/14	individuelle Ausbildung in Verein, Landesleistungsstützpunkt, Kader der Verbände	individuelle Techniksschulung; Variation der Schlagtechniken	komplexe Materialkenntnis; VH- und RH-Dominanz des Gegners erkennen und ausnutzen; bewusste, aktive Rotations-, Platzierungs- und Tempovariationen	Intensitäts- und Umfangssteigerung in allen konditionellen Bereichen bis hin zur maximalen Belastung	Orientierungsfähigkeit
	13–18	D/C-Kader des DTTB				

Übersicht der technischen, taktischen und motorischen Anforderungen in den einzelnen Förderstufen

5 Anforderungsanalyse des Tischtennisspiels und Ausbildung der Leistungsfaktoren

Vielfältige Anforderungen

Tischtennis gehört zu den schnellsten Sportarten; der Ball erreicht Spitzengeschwindigkeiten von bis zu 170 km/h. Die extrem kurze Kontaktzeit Ball-Schläger führt zu einem blitzschnellen Handlungszwang innerhalb der unterschiedlichen Tempo-, Rotations- und Platzierungsvariablen und unzähligen taktischen Handlungsmöglichkeiten. Reaktion, Wahrnehmungsfähigkeit, Antizipation, Ballgefühl, Entscheidungsfähigkeit, gute konditionelle und koordinative Fähigkeiten sowie psychische Regulationsfähigkeit und Kreativität sind Grundlage dieser Sportart.

Abb. 5: Leistungsbestimmende Faktoren

5.1 Kondition

Kondition ist eine Komponente des Leistungszustandes. Sie basiert primär auf dem Zusammenwirken energetischer Prozesse des Organismus besonders hinsichtlich der Muskulatur und zeigt sich als Kraft-, Schnelligkeits- und Ausdauerfähigkeit sowie Beweglichkeit im Zusammenhang mit den für diese Fähigkeiten erforderlichen psychischen Eigenschaften (MARTIN/CARL/LEHNERTZ 1991).

5.1.1 Krafttraining
Kraft ist die Fähigkeit des Nerv-Muskelsystems, durch Muskeltätigkeit Widerstände zu überwinden (konzentrische Kontraktion), ihnen entgegenzuwirken (exzentrische Kontraktion) bzw. sie zu halten (isometrische Kontraktion).

Krafttraining
Um einen 2,7 g schweren Ball mit einem ca. 300 g schweren Schläger zu spielen, benötigt der Sportler keine ausgeprägten Kraftfähigkeiten. Auch die meisten Schlagtechniken definieren sich eher über Schnelligkeits- (Beschleunigung) als über Kraftkomponenten.
Wichtig für den Tischtennisspieler sind im Bereich Krafttraining zwei andere Zielsetzungen:

- Aufbau einer optimalen Haltemuskulatur vor allem des Rumpfes

Defizite von Kindern und Jugendlichen im Bereich des Stützapparates manifestieren sich in Haltungsschäden und -schwächen. Die zunehmend bewegungsarme Umwelt behindert den Aufbau einer voll funktionstüchtigen Haltemuskulatur. Besonders die Bauch- und Rückenmuskulatur sind Schwachpunkte.

- Muskelquerschnittsvergrößerung zur optimalen Schnelligkeitsschulung.

Je größer der Querschnitt eines Muskels ist, umso größer ist die Fähigkeit dieses Muskels zur schnellen Kontraktion. Besonders in der Beinmuskulatur des Tischtennisspielers ist deshalb zur Verbesserung der Schnelligkeit ein Muskelaufbau dringend notwendig. Dabei ist zu beachten, dass eine Querschnittsvergrößerung nur bei einem ausreichend hohen Testosteronspiegel zu erreichen ist. Dies ist erst ab ca. dem 10. Lebensjahr der Fall. Vorher ist ein Training mit dem Ziel der Querschnittsvergrößerung nicht möglich.

Empfehlungen zum Krafttraining

Krafttraining ist für unsere Sportart von großer Bedeutung. Durch die einseitige Belastung (wir spielen nur mit einem Arm), kommt es zu muskulären Dysbalancen, die durch ein Kräftigungs- und Stabilitätstraining ausgeglichen werden müssen und zudem schon frühzeitig ins Trainingsprogramm junger Sportler eingebaut werden sollten. Hier sind Übungen ohne Zusatzgewichte und Kraftmaschinen ausreichend. Die technische Ausführung von allen aktiven VH-Techniken verlangt zudem eine Rotation von Rumpf und Schultergürtel. Diese sollte durch gezieltes Krafttraining des gesamten Stützapparates und der Haltemuskulatur ebenso geschult werden und im Laufe einer Athletenlaufbahn auch mit Übungen im Kraftraum verstärkt werden. Das Krafttraining für die Beinmuskulatur ist bei Sportlern im Zeitraum bis zum Ende der Pubertät vor allem ein Schnellkrafttraining. Hier sollten die Trainingsziele durch Sprünge und Sprungprogramme verfolgt werden. Bei sehr jungen Tischtennisspielern ist ein regelmäßiges Training mit dem Springseil zu empfehlen.

5.1.1.1 Übungen zum Krafttraining

Vierfüßlerstand
- Fußgelenksprünge im Liegestütz
- Einbeiniger Abdruck

Variation:
- Wegschieben der Fliese
- Kräftigung der Beine sowie des Arm-/Schulterbereichs

Beanspruchte Muskulatur:
➤ vor allem Beinmuskulatur
➤ Arm-/Schultermuskulatur

Abb. 6: Vierfüßlerstand

Abb. 7: Po-Lift

Po-Lift
Der liegende Partner fasst mit seinen gebeugten Armen die Fußgelenke des stehenden, hebt die gestreckten Beine an und hebt das Becken von der Matte ab.

Variation:
- Der liegende Partner hebt das Becken ca. 3–5 cm an, hebt das Becken von der Matte ab und streckt wechselseitig ein Bein nach vorne.
  Wichtig: Beine nicht auf dem Boden ablegen!

Hinweis:
- Rücken gerade halten.
- Beides sehr anspruchsvolle Übungen.

Beanspruchte Muskulatur:
➤ Untere Bauchmuskulatur

Schräge Bauch-/Rumpfmuskulatur
Ein Partner liegt in Seitenlage auf einer Matte. Das untere Bein wird angewinkelt, das obere Bein bleibt gestreckt.
Der andere Partner im Kniestand fixiert mit beiden Händen den Fuß des gestreckten oberen Beines. Der liegende Partner hebt mit vor dem Körper verschränkten Armen seinen Oberkörper vom Boden ab.

Hinweis:
- Becken und Schultergürtel auf einer Ebene halten.

Variation:
- Der übende Partner streckt die Arme nach vorne bzw. über den Kopf (anspruchsvolle Übung!)

Abb. 8: schräge Bauch-/Rumpfmuskulatur

Beanspruchte Muskulatur:
➤ Schräge Bauch-/Rumpfmuskulatur

Rumpf heben und Ball weitergeben
Ablauf:
- Jedes Team hat eine eigene Langbank.
- Jedes Team hat einen Läufer bzw. Transporteur, der die durchgereichten Bälle annimmt und sammelt. Die Spieler liegen links und rechts mit angewinkelten Beinen an der Turnbank. Das Gesäß wird dabei möglichst nah an der Bank platziert. Die Bälle sollen, nachdem sie aufgenommen worden sind, jeweils auf der anderen Seite unter der Bank weitergegeben werden. Die Mannschaft, welche als erste den letzten Ball im Kasten ablegt, gewinnt.

Abb. 9: Rumpf heben

Hinweis:
- Wenn die Teilnehmer den Staffelverlauf beobachten wollen, müssen sie ständig den Oberkörper anheben.
- Die einzelnen Staffeln dürfen jeweils nur einen Ball transportieren.

Beanspruchte Muskulatur:
➤ Schräge Bauchmuskulatur

Gerade und schräge Bauchmuskulatur

Abb. 10: Gerade und schräge Bauchmuskulatur

Einen Ball durch die Bank von einem zum anderen Partner übergeben.

Variation:
- Für die schräge Bauchmuskulatur Ball mit beiden Händen am rechten und am linken Knie vorbei übergeben.
- Auch ohne Bank durchführbar, dabei müssen dann die Beine im entsprechenden 90°-Winkel gehalten werden (erschwerte Ausführungsform).

Beanspruchte Muskulatur:
➤ gerade und schräge Bauchmuskulatur

Rücken- und Gesäßmuskulatur

Abb. 11: Rücken- und Gesäßmuskelübung

In der Bauchlage einen Ball über den Rücken führen und dann dem Partner übergeben.

Variation:
- Blick des Gesichts zum Boden.
- Oberkörper nur 3–5 cm vom Boden abheben.
- Auch mit leichter Rumpfdrehung nach rechts oder links durchführbar.
- Kräftigt die Rückenmuskulatur im Brustwirbelbereich.
- Zusätzlich Schulter-/Armbereich.
- Unterschiedlich schwere Bälle ausprobieren.

Beanspruchte Muskulatur:
➤ Rückenmuskulatur (oberer Anteil)
➤ Arm-/Schultermuskulatur

(Abbildungen 6–11 aus: FRIEDRICH 2005; hierin auch zahlreiche weitere empfehlenswerte Übungen.)

5.1.2 Schnelligkeitstraining
Unter Schnelligkeit wird die Fähigkeit verstanden, höchstmögliche Bewegungsgeschwindigkeiten zu erzielen (bezogen auf azyklische S., zyklische S., Reaktionsschnelligkeit und Bewegungskombinationen).
Unter zyklischen Bewegungen verstehen wir solche, die sich in gleicher Form immer wiederholen (z. B. beim Sprint oder beim Radfahren). Als azyklisch werden solche Bewegungen bezeichnet, die in unterschiedlicher Form ausgeführt werden (z. B. beim Tischtennis, bei Sportspielen).

Schnelligkeitstraining:
Tischtennis gilt als die schnellste Rückschlagsportart der Welt. Um gute Leistungen erbringen zu können, ist eine ausgeprägte Schnelligkeit des Sportlers Voraussetzung. Schnelligkeit gliedert sich in Reaktionsschnelligkeit (in Auswahlreaktion, d.h. auf einen bestimmten Reiz hin

eine Reaktion aus verschiedenen Handlungsmöglichkeiten ausüben), Beschleunigungsfähigkeit und Aktionsschnelligkeit bei azyklischer Technikausführung. Diese Fähigkeiten sind in den einzelnen Altersstufen unterschiedlich gut trainierbar. Auch ist zu beachten, dass es zwei verschieden schnelle Muskelfasertypen gibt, die in unterschiedlichem Maße beim Menschen natürlich vorhanden sind. Somit ist Schnelligkeit nicht bei jedem Menschen mit dem gleichen Erfolg trainierbar.

Reaktionsfähigkeit ist abhängig von der Innervationsfähigkeit des Organismus, d.h. der Informationsübertragung und -verarbeitung im Zentralen Nervensystem und in der Muskulatur. Die Beschleunigungsfähigkeit bezeichnet die Fähigkeit der Muskulatur, durch intra- (Koordination von Muskelfasern innerhalb eines Muskels) und intermuskuläre (Koordination von verschiedenen Muskeln) Koordination eine möglichst schnelle Geschwindigkeitssteigerung zu erreichen. Die Aktionsschnelligkeit schließlich hängt von der Koordinations-, Innervations- und Zuckungsfähigkeit der eingesetzten Muskeln ab.

Wie beim Krafttraining gilt auch hier, dass durch die mangelhafte anaerobe Regenerationsfähigkeit nur kurze Schnelligkeitsbelastungen durchgeführt werden dürfen. Hervorragend eignen sich komplexe Spielformen.

Empfehlungen zum Schnelligkeitstraining:

Schnelligkeitstraining für Arme und Beine ist in unserer Sportart von allerhöchster Bedeutung im Trainingsprozess mit Kindern und Jugendlichen. Deshalb soll (muss) zu Beginn jeder Trainingseinheit ein Schnelligkeitstraining durchgeführt werden. Bei den jüngsten Spielern kann dies durch Staffel- und Fangspiele (kurze Strecken/Belastungen) erreicht werden. Bei Spielern in der Pubertät und darüber hinaus sollten schon bewusste Schnelligkeitsprogramme auf dem Trainingsplan stehen, die auch sehr gut mit Schattenübungen und Übungen zur Beinarbeit harmonieren. Zudem kann gerade beim sportartspezifischen Schnelligkeitstraining das Balleimertraining zur Anwendung kommen. Bei den Belastungs- und Pausenzeiten empfehlen wir, sich am Profil der Sportart zu orientieren, welches besagt, dass der Belastungsreiz ca. 6–8 Sekunden andauern sollte und die Pause zwischen den Belastungsreizen mindestens doppelt so lang sein sollte.

5.1.2.1 Übungen zum Schnelligkeitstraining

Zeitungsstaffel-Sprint
Die Teilnehmer laufen mit den aufgefalteten
Zeitungen vor Brust und Bauch kreuz und quer
durch die Halle, ohne die Zeitungen einzuklemmen oder festzuhalten. Lediglich der Luftstrom
beim Laufen hält die Zeitungen fest. Die Zeitungen werden nach und nach um
die Hälfte kleiner gefaltet. Laufdistanz einfach
max. 10 m.

Abb. 12: Zeitungsstaffel-Sprint

Variation:
Wettspiel: Wer die Zeitung am kleinsten faltet und laufen kann, ohne
sie festzuhalten bzw. ohne dass sie herunterfällt, gewinnt.

Sprint-Biathlon
Beim Sprint-Biathlon werden Sprinten und Werfen miteinander verbunden. Die Aufgabe jeder Mannschaft besteht zunächst darin, ihre
Wurfstation (auf Bänke gestellte Markierungshütchen) aufzubauen,
indem die Hütchen von den Läufern einzeln zur Bank gebracht werden. Steht die Hütchenreihe, muss sie von den Spielern abgeworfen
werden, wobei jede Gruppe das Zurückholen ihrer Bälle selber
organisiert. Sind alle Hütchen abgeworfen, müssen sie einzeln von
den Läufern wieder zurückgebracht werden. Wer hat dies als erster
geschafft?

Abb. 13: Sprint-Biathlon

Wäscheklammernfangen

Jeder Läufer hat eine Wäscheklammer gut sichtbar an seiner Kleidung befestigt. Abgeschlagene Spieler bleiben stehen und lassen sich die Klammer vom Fänger abnehmen – dieser steckt sie sich an die Kleidung.

Abgeschlagene Spieler holen sich eine neue Klammer aus dem Depot. Sind alle Klammern aus dem Depot verbraucht, kann man zwei Varianten spielen:

- Nach dem Abschlag bleibt der gefangene Spieler stehen und versucht, einen der vorbeilaufenden Fänger zu berühren (ohne den Standort zu verlassen). Gelingt das, so gibt der Fänger eine Klammer zurück, und der gefangene Spieler läuft wieder mit.
- Wie zuvor, nur dürfen sich die abgeschlagenen Spieler auf allen Vieren fortbewegen, um einen Fänger zu erreichen.

Abb. 14: Wäscheklammernfangen

(Abbildungen 12–14 aus: FRIEDRICH 2005; hierin auch zahlreiche weitere empfehlenswerte Übungen.)

5.1.3 Ausdauertraining

Ausdauer ist zum einen die physische (körperliche) und kognitiv-psychische (geistig-seelische) Widerstandsfähigkeit gegen Ermüdungen bei lang anhaltenden oder sich ständig wiederholenden Belastungen, zum anderen die Fähigkeit, sich nach Belastungen schnell zu erholen.

Ausdauertraining

Das Training der allgemeinen Ausdauer wirkt in erster Linie durch Anpassungserscheinungen im Herz-Kreislauf-System. Dieses System steht dem Menschen mit der Geburt praktisch uneingeschränkt zur Verfügung. Ein Training ist also theoretisch bereits in frühen Jahren möglich.

Tischtennisspieler benötigen im normalen Wettspielbetrieb in der Regel keine besonders ausgeprägten Ausdauerfähigkeiten, weil die Belastungen insgesamt eher am unteren Intensitätsrand angesiedelt sind. Mit zunehmender Dauer der Belastung, z.B. bei Ranglistenspielen und längeren Turnieren, aber auch im Training, wird eine ausgeprägte Ermüdungs-Widerstandsfähigkeit immer wichtiger. Auch und besonders im kognitiv-psychischen Bereich sind gut trainierte Ausdauerfähigkeiten oft spielentscheidend. Nur mit den im Vergleich mit Spielen höheren Trainingsbelastungen kann die notwendige Ausdauerfähigkeit nicht erreicht werden. Ein ausgeprägtes Ausdauertraining aller Bereiche ist also von Beginn an im Tischtennis notwendig.

> **Empfehlungen zum Ausdauertraining:**
> Ausdauertraining sollte für Tischtennisspieler aller Jahrgänge stattfinden. Bei den jüngsten können es Fahrtenspiele sein, bei Jugendlichen können auch schon Ausdauerbelastungen (vor allem Waldläufe, aber auch Radfahren, große Spiele, Skaten, etc.) durchgeführt werden. In den Wettkampfphasen haben sich besonders regenerative Läufe (lockeres Laufen mit geringer Herzfrequenz) bewährt.
> Sicherlich steigert ein Ausdauertraining auch die Konzentrationsfähigkeit, jedoch sollte jeder Trainer wissen, dass Tischtennis eher durch Schnelligkeits- und Schnellkraftleistungen gekennzeichnet ist und das Ausdauertraining nur gezielt in bestimmten Saisonphasen angewendet werden sollte.

5.1.4 Beweglichkeitstraining

Beweglichkeit (auch Gelenkigkeit, Flexibilität) ist die Fähigkeit, willkürliche Bewegungen mit einer großen Schwingungsweite in bestimmten Gelenken auszuführen (GROSSER 1989).

Beweglichkeitstraining: Das Training der Beweglichkeit wird vor allem durch ein dynamisches Dehnen bestritten. Nach neuesten Erkenntnissen fördert das dynamische Dehnen neben der Beweglichkeit auch die Regeneration der Stoffwechselprozesse und beeinflusst das Bindegewebe (Hülle der Muskulatur) positiv. Das dynamische Dehnen sollte nach hohen Belastungen stattfinden. In diesem Zusammenhang muss darauf hingewiesen werden, dass das Stretching (langes Halten einer

Dehnung) bewiesenermaßen nicht effektiv ist und sich kontraproduktiv zu Schnelligkeitsleistungen verhält.

Stretching wurde in den vergangenen Jahren kontrovers diskutiert; negativ wurde vor allem angemerkt, dass die dem Stretching zugeschriebenen Effekte meist nicht nachweisbar waren (Entmüdung, Verletzungsprophylaxe etc.). Dennoch ist Stretching eine effektive Form, die Beweglichkeit zu erhalten bzw. zu verbessern.

> **Empfehlungen zum Beweglichkeitstraining:**
> Beweglichkeitstraining spielt im Ablauf unserer Trainingseinheiten keine übergeordnete Rolle. Beim Training mit Kindern im Alter vor der Pubertät ist aufgrund des Längenverhältnisses von Bändern und Sehnen zur Muskulatur keine Einschränkung in der Beweglichkeit gegeben. Erst mit dem Wachstum der Muskeln (Hypertrophie) verschiebt sich dieses Verhältnis. Dann – also während und nach der Pubertät – bekommt das Beweglichkeitstraining eine höhere Bedeutung. Hierbei sollte dynamisches Dehnen, sowie Mobilisationsübungen angewendet werden. Auf keinen Fall sollte aber das dynamische Dehnen direkt im Anschluß ans Krafttraining erfolgen. Im Verhältnis zum Training der Ausdauer, Kraft und Schnelligkeit hat das Beweglichkeitstraining eine untergeordnete Bedeutung.

5.2 Koordination

Unter Koordination versteht man „das Zusammenwirken von Zentralnervensystem und Skelettmuskulatur innerhalb eines gezielten Bewegungsablaufes" (RÖTHIG 2002).

Die einzelnen koordinativen Fähigkeiten und Grundsätze zu ihrem Training werden nachfolgend aufgeführt:

5.2.1 Training der koordinativen Fähigkeiten
Differenzierungsfähigkeit: Die Differenzierungsfähigkeit ist bedeutend für das Erreichen genauer Feinabstimmung in einzelnen Bewegungsphasen und unterscheidet Kraft-, Zeit- und Raumparameter innerhalb eines Bewegungsvollzuges präzise.

> Die Schulung der Differenzierungsfähigkeit sollte im Training, sowohl im allgemeinsportlichen Teil (Aufwärmen, Koordinationstraining) als auch im tischtennis-spezifischen Training, einen hohen Stellenwert besitzen, denn diese Fähigkeit bestimmt die Qualität des gespielten Balles in Bezug auf Geschwindigkeit, Flugkurve, Rotation und Platzierung.

Reaktionsfähigkeit: Die Reaktionsfähigkeit ist die Fähigkeit, zum zweckmäßigsten Zeitpunkt mit einer aufgabenbezogenen Geschwindigkeit auf Signale optischer, akustischer oder taktiler Art zu reagieren. Im Tischtennis ist das hohe Spieltempo von der Fähigkeit des Spielers zur Reaktion abhängig.

> Im Training wird die Reaktionsfähigkeit immer dann geschult, wenn wir unregelmäßige Übungen im Allgemeinen spielen lassen und vor allem dann, wenn es in Aufschlag- und Rückschlagübungen sowohl für den Aufschläger als auch für den Rückschläger mehr als eine Alternative gibt. Im Schnelligkeitstraining lässt sich durch verschiedenste Spielformen die Schulung der Schnelligkeit mit der Schulung der Reaktionsfähigkeit verbinden.

Umstellungsfähigkeit: Die Umstellungsfähigkeit stellt die Grundlage dar, bei Situationsveränderungen das Handlungsprogramm den neuen Gegebenheiten anzupassen. So muss der Tischtennisspieler bei falscher Einschätzung des Balles (z. B. Kantenball) die geplante Bewegung verändern können, um weiter optimal spielen zu können.

> Ein besonders hohes Maß an Effektivität in der Schulung der Umstellungsfähigkeit wird im Training dann erreicht, wenn wir die Spielbedingungen ständig verändern z. B. durch Bälle verschiedener Größe, unterschiedliche Schläger (Material) und Tischvariationen.

Orientierungsfähigkeit: Die Orientierungsfähigkeit ermöglicht Lageveränderungen des Körpers in Raum und Zeit und ist somit die Fähigkeit zur raum-zeit-orientierten Antizipation und Bewegungssteuerung. Die Stellung des Spielers zum Tisch (im Doppel auch zum Partner) sowie die optimale Position im Raum zur effektiven Technikausführung werden über die Orientierungsfähigkeit gesteuert.

> Eine effektive Schulung der Orientierungsfähigkeit erreichen wir im Tischtennistraining immer dann, wenn wir die Spieler aus verschiedenen Distanzen zum Tisch trainieren lassen oder, wenn wir Tischvariationen ins Training einbauen, bei denen die Spieler gezwungen sind, aus „nicht natürlichen" Distanzen Bälle zu spielen.

Gleichgewichtsfähigkeit: Die Gleichgewichtsfähigkeit erlaubt es, Formen des statischen und dynamischen Gleichgewichts während und nach ausgeführten Bewegungen beizubehalten oder wiederherzustellen; somit ist eine Kontrolle des Körperschwerpunkts ständig möglich.

> Im Training sollte die Schulung des Gleichgewichts in allen Förderstufen eine hohe Bedeutung haben und zwar im allgemeinsportlichen, im tischtennisspezifischen Training und vor allem im Training der Beinarbeit.

Kopplungsfähigkeit: Die Kopplungsfähigkeit ist die Fähigkeit, Teilkörperbewegungen, Einzelbewegungen und Aktionen zu einer zielgerichteten Gesamtbewegung zu koordinieren. So muss z. B. die Schlagbewegung des Topspins über Bewegungen der Beine, des Rumpfes und des Armes gesteuert werden.

> Die Kopplungsfähigkeit sollte vor allem in den frühen Förderstufen im allgemeinsportlichen Teil geschult werden. Gerade junge Spieler müssen die Koordination von Arm- und Beinbewegungen frühzeitig erlernen.

Rhythmisierungsfähigkeit: Die Rhythmisierungsfähigkeit erlaubt es, Bewegungen an von innen oder von außen vorgegebene Rhythmen anzupassen.

> Im Tischtennis ist besonders die Fähigkeit zum Rhythmuswechsel von Bedeutung. Der Spieler muss auf unterschiedlich schnell fliegende Bälle reagieren und ebenfalls seinen Spielrhythmus variieren können.

Mittlerweile wird in der Sportwissenschaft die Schulung der individuellen koordinativen Fähigkeiten in Bezug zur Bewältigung motorischer Aufgaben gesetzt. Damit ist gemeint, dass nicht mehr das Beherrschen der einzelnen Fähigkeiten von Bedeutung ist, sondern dass die Fähigkeiten Basis für die Ausführung der Spieltechniken sind. Angewandt werden diese Fähigkeiten besonders unter dem Druck von:

- **Präzision:** Bewegungsgenauigkeit
- **Zeit:** Zeitminimierung / Geschwindigkeitsmaximierung
- **Komplexität:** Zusammenspiel einzelner und zusammenhängender Bewegungsanteile
- **Situationen:** Variabilität und Komplexität der einzelnen Situationen
- **Belastungen:** physische und psychische Belastungen

Gekennzeichnet sind die Druckparameter durch die verschiedenen Anforderungen optisch, akustisch, taktil, kinästhetisch und vestibulär aufgenommener Informationen.

> **Fazit:**
> Die einzelnen Komponenten bewirken in ihrem Zusammenspiel die koordinativen Fähigkeiten des Sportlers. Tischtennis ist eine sehr komplexe Sportart und verlangt deshalb ein hohes Maß an koordinativen Fähigkeiten. Deshalb sollte die koordinative Schulung in jeder Trainingseinheit stattfinden. Durch die Schulung der für das Tischtennisspiel wichtigen koordinativen Fähigkeiten erreichen wir eine motorische Grundausbildung.
>
> **Wir empfehlen jedem Trainer die Schulung der Koordination, um den Spielern ein gutes motorisches Fundament zu bereiten, auf dem alle anderen Fähigkeiten und Fertigkeiten aufbauen.**

5.2.2 Übungen zum Training der koordinativen Fähigkeiten
Viele Sportspiele (klassische wie Fußball, Basketball etc. sowie moderne wie Tschoukball, Indiaca, Family-Tennis, New Games u.v.m.) schulen die meisten koordinativen Fähigkeiten gleichzeitig. Sie sind deshalb in jedem Koordinationstraining aufgrund ihrer hohen motivationalen Relevanz sehr gut einsetzbar.

Alle Übungen sind dem Tischtennis-Lehrplan 2000 „Thema: Koordination" des DTTB entnommen. Hier findet der Interessent noch zahlreiche andere Übungen zu den einzelnen koordinativen Fähigkeiten.

Symbole:
- Grundübung
o Variation der Grundübung

Übungen zur Differenzierungsfähigkeit

a)
- Bälle auf / in unterschiedlich weit entfernte Ziele werfen

o verschieden große / schwere Bälle nehmen

b)
- Spießrutenläufer:
Zwei Parteien: Gruppe A versucht in Form einer Pendelstafette das Schussfeld zu durchlaufen, ohne abgeschossen zu werden. Gruppe B (jeder mit einem Ball) versucht, so viele (Bein-)Treffer wie möglich anzubringen. Welche Gruppe hat nach dem Rollenwechsel mehr Treffer? Nur mit Schaumstoffbällen.

c)
- Völkerball:
  In der Grundaufstellung stehen sich zwei Mannschaften in zwei Feldern gegenüber, wobei zumindest eine gegnerische Seitenlinie von einem Mitglied der anderen Partei besetzt ist. Ziel des Spieles ist es, die gegnerische Mannschaft möglichst schnell abzuwerfen. Spieler, die getroffen werden, müssen aus dem eigenen Feld und helfen an einer Seitenlinie des gegnerischen Feldes beim Abwerfen der Gegner.

o Eine, zwei oder drei gegnerische Seitenlinien sind von einem Mitglied der anderen Mannschaft besetzt.
o Wer den Ball fängt, muss auch werfen.
o Im Feld muss von der Stelle aus geworfen werden, an der der Ball aufgenommen worden ist.
o Hindernisse und Deckungshilfen werden aufgebaut (Matten, die nicht betreten werden dürfen; aufgerollte Bodenläufer als „Schutzbaum").
o Spielen mit mehreren Bällen.
o Bereits abgeworfene Spieler dürfen zurück ins Feld, wenn sie einen eigenen Treffer gelandet haben.

d)
- Liniensprungen:
  Jeder versucht, so nah und so genau wie möglich, von vorne an eine vorher markierte Linie (rot, grün, schwarz) mit beiden Fußspitzen / Fersen heranzuspringen.

o Nur mit dem linken / rechten Bein.
o Versuchen, rückwärts an die Linien zu springen.
o Mit Sidesteps an die Linie springen, d.h. der rechte oder linke Fuß muss so nahe wie möglich an der Linie stehen.
o Nach einer ¼, ½ oder einer ganzen Drehung um die Körperlängsachse vor / hinter der Linie landen.

e)
- Beindifferenzierung mit Seilen:
  Ca. 10 Seile in geringem Abstand
  (¾ Fußlänge) hintereinander legen.
  In jeden Zwischenraum muss ein
  Fußballen schnell und präzise
  gesetzt werden, ohne die Seile zu
  berühren.

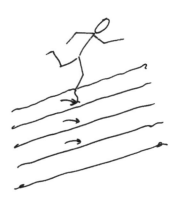

o Immer mit beiden Füßen in jeden Zwischenraum.
o Abwechselnd mit einem Fuß in den ersten Zwischenraum, in den zweiten Zwischenraum mit zwei Füßen usw.
o Mit Sidesteps durch die Seile. Die Seile liegen immer zwischen dem rechten und dem linken Fuß.
o Die Seile in unterschiedlichen, unregelmäßigen Abständen auslegen, z. B. drei kurze, ein langer, vier kurze Abstände.
o Rückwärts über die Seile.
o Auf allen Vieren über die Seile.
o Spielerisches Üben: Wettrennen. Wer ist der Schnellste und macht keinen Fehler?

Übungen am Tisch:
- Grabentisch (zwei Tischhälften werden auseinandergezogen; ca. 1 m Abstand); die Spieler versuchen die Bälle in bestimmte Zonen (Markierung durch Klebeband oder DIN A 5 / DIN A 4-Blätter) zu spielen.
- Tischtennis spielen mit verschiedenen Bällen und Schlägern.
- Zwei Spieler spielen sich den Ball (direkt) zu und verändern ständig den Abstand zwischen sich.

Übungen zur Reaktionsfähigkeit

a)
- Stein – Papier – Schere

  In einem Spielfeld, bestehend aus einer Mittellinie und zwei Endlinien, stehen sich zwei Mannschaften gegenüber. Eine zuvor vereinbarte Gewinnregel entscheidet darüber, welche der Mannschaften fangen darf und welche davonlaufen muss.

  Gewinnregel für das Knobeln: Papier deckt Stein, Stein bricht Schere, Schere schneidet Papier (jedem Gegenstand ist ein Handzeichen zugeordnet).

  Nun wird an der Mittellinie geknobelt. Auf „eins zwei drei" werden die Hände geöffnet und das vereinbarte Handzeichen wird gezeigt. Die Mannschaft mit dem Siegessymbol fängt bis zur Endlinie so viele Gegner wie möglich. Bei gleichem Symbol wird noch einmal geknobelt (vorher ein „Ersatzsymbol" ausmachen). Gefangene Spieler wechseln die Mannschaft.

b)
- Lauerkatze

  Zu zweit mit zwei Bällen: A hält in jeder Hand auf Kopfhöhe einen Ball und lässt den einen plötzlich fallen. B steht gegenüber von A (Abstand höchstens 2 m) und versucht, den Ball aufzufangen (wenn nötig durch einen Hechtsprung), bevor der Ball auf den Boden fällt. Abstände individuell vergrößern, bis es nicht mehr geht.

c)
- Schwarz und Weiß mit Abwerfen

  In einem Spielfeld, bestehend aus einer Mittellinie und zwei Endlinien, stehen sich zwei Mannschaften gegenüber. Auf der Mittellinie liegen viele (Soft-) Bälle, wobei die Mannschaften gleichen Abstand zu diesen Bällen haben. Auf Kommando „Schwarz" 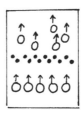 versucht die schwarze Partei schnell die Bälle aufzuheben und „Weiß" abzuwerfen. Die weiße Mannschaft läuft in diesem Fall so schnell wie möglich vor der schwarzen Partei weg, bis hin zur eigenen Endlinie, wo ein Treffer nicht mehr zählt. Bei dem Signal „Weiß" ist die weiße Partei Jäger. Abgeworfene Spieler wechseln zur anderen Mannschaft.

Übungen am Tisch:
- Aufschlag, der Rückschläger steht mit dem Rücken zum Tisch

o Evt. mit Kommando „rechts herum" oder „links herum"

Übungen zur Umstellungsfähigkeit

a)
- Mattenbahn
  Laufen über eine Mattenbahn
  (rhythmisch = gleichmäßige
  Abstände, arhythmisch =
  unregelmäßige Abstände)

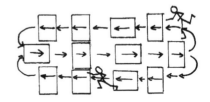

o Variation durch abwechselnd längs- und querliegende Matten

b)
- Reifenreihe
  Über eine ausgelegte Reifenreihe
  laufen

o Als Variation die Reihe einbeinig
  hüpfend bewältigen oder abwechselnd links-links, rechts-rechts
  springen lassen.
o Eine weitere Variation stellen zwei
  Reifen nebeneinander dar, in welche die Füße gleichzeitig gesetzt
  werden müssen

Übungen am Tisch:
- Spiel auf veränderten Tischformen (gekreuzter Tisch, Schrägtisch, schräge Winkel etc.)
- Zuspiel aus dem Balleimer mit unterschiedlichen Aufgaben, die Umstellung von Bewegungen erzwingen (z. B. unregelmäßig kurze Bälle einspielen, wenn der Spieler lange Bälle erwartet).

Übungen zur Rhythmisierungsfähigkeit

a)
- Gruppenbalancieren
  Synchrones Balancieren auf umgedrehten Bänken mit gleichzeitigem Hochwerfen und Fangen eines Balles.

b)
- Spiegelbild
  Paare bilden. Beide Partner haben einen Ball. A prellt den Ball auf verschiedene Weisen und in unterschiedlichen Rhythmen, B versucht dies spiegelbildlich nachzumachen. Regelmäßiger Rollentausch.

o Als Variation können anstatt der Bälle auch Springseile verwendet werden.

Übungen am Tisch:
- Einfach-regelmäßige Übungen

o Auf Musik; den Rhythmus der Musik anpassen.

Übungen zur Orientierungsfähigkeit

a)
- Henne und Habicht
  Mindestens fünf Spieler stehen hintereinander und fassen sich an der Hüfte. Diese Reihe darf während des Spielens nicht reißen. Der erste Spieler spielt die „Henne" und breitet die Arme aus. Ein einzelner Spieler, der „Habicht", steht vor der Gruppe. Der Habicht muss das kleinste Küken, d.h. den letzten Mann der Hühnerreihe fangen. Um dies zu verhindern, schützt die Henne ihre Küken dadurch, dass sie sich mit der Bewegungsrichtung des Habichts dreht und so ihre Küken abdeckt. Bei Erfolg des Habichts werden die Aufgaben gewechselt, d.h., die Henne wird zum Habicht, der letzte Mann der Hühnerreihe zur Henne und der Habicht zu einem Küken.

b)
- **Bänderfangen**
  Jeder Hase steckt sich ein Band so auf der Rückseite in den Hosenbund, dass es zur Hälfte heraushängt. Ein Jäger trägt sein Band um die Schulter gelegt und versucht, den Hasen die Bänder wegzunehmen. Gelingt ihm das, so wird aus dem Hasen ein Jäger.

o Variationen sind möglich über die Veränderung des Raumes (verkleinern bzw. es sind zu bestimmten Zeiten nur bestimmte Raumteile erlaubt) oder die Vorgabe, nur auf den Linien laufen zu dürfen.

c)
- **Ballwegschnappen**
  Zu zweit (1:1) oder Jeder gegen Jeden: Freies Dribbeln im Raum und versuchen, dem Gegner den Ball (korrekt) wegzuschnappen, ohne dabei den eigenen Ball zu verlieren.

o Mit drei Leben.
o Wer den Ball verliert, führt eine „Strafübung" aus.
o Wer macht in einer bestimmten Zeit (z. B. zwei Minuten) die meisten Punkte?

d)
- **Balldieb**
  Ein Drittel der Spieler ohne Ball und Schläger versuchen, den ballprellenden Kindern den Ball wegzuschlagen, ohne sie dabei zu berühren. Spieler, die ihren Ball verlieren, werden zu „neuen" Balldieben.

Übungen am Tisch:
- Spieler A und B spielen eine einfach-regelmäßige Übung; Spieler C steht hinter A und zeigt Spieler B durch Handzeichen, in welche Seite (VH oder RH) der Ball gespielt werden soll.
- Doppel-Spiel am Squash-Tisch: eine hochgestellte Tischhälfte dient als Wand. Beide Mitspieler versuchen abwechselnd den Ball nach einmaligem Aufspringen auf der waagerechten Tischhälfte zu spielen.

Übungen zur Gleichgewichtsfähigkeit

a)
- Tanzmaus
  Mehrere, rasch ausgeführte Drehungen um die eigene Körperachse, zum Stand kommen und ein Knie anheben. Wer kann das Gleichgewicht halten?

o Variation durch verschiedene Balancieraufgaben (z. B. auf einem Seil, auf einer Linie gehen).

b)
- Balancieren auf stabiler Unterlage mit Zusatzaufgaben
  Zwei Bänke parallel oder leicht auseinanderlaufend nebeneinander. Sich paarweise den Ball zuspielen. Anfangs einfach balancierend im Stand, danach in Bewegung vorwärts und rückwärts mit unterschiedlicher Entfernung der Bänke.

o Variation mit Medizinball als kleinem Wettkampf. Versuchen, den Partner durch Zuwurf eines Medizinballes aus dem Gleichgewicht zu bringen.

c)
- Hahnenkampf
  Beide Partner stehen auf einem Bein, die Arme sind fest auf der Brust verschränkt. Wer kann durch Schieben und Drücken den Anderen aus dem Gleichgewicht bringen, so dass er sich mit dem anderen Bein abstützen muss?

Übungen am Tisch:
- TT-Spiel auf einer Weichbodenmatte (ohne Schuhe!).
- TT-Spiel auf einem Bein.
- TT-Spiel auf einer (Lang-) Bank.

o Zur Erhöhung der Schwierigkeit wird die Langbank herumgedreht.
o Die Spieler bekommen Zusatzaufgaben wie Sidesteps etc.

Übungen zur Kopplungsfähigkeit

a)
- Seilspringen
  Einfaches Durchschlagen des Seiles mit einem „Zwischenhüpfer".

  o Erhöhung der Aufgabenschwierigkeit durch Laufen in verschiedenen Rhythmen vorwärts, rückwärts, seitwärts, Seilschlagen rückwärts usw.
  o Zu zweit mit je einem Seil: A springt mit seinem Seil und verändert immer wieder seine Geschwindigkeit.

b)
- Koordinationshampelmann
  Beine vom Langläufer, Arme vom Hampelmann

  o Beine vom Hampelmann, Arme vom Langläufer
  o Beine vom Hampelmann: bei einem Bein wird das Knie schnell nach vorne oben geführt. Beide Beine sollen zeitgleich den Boden berühren (Rhythmuswechsel!)
  o Jetzt zunächst die Arme vom Hampelmann dazu nehmen, dann die Arme vom Langläufer.

c)
- Schuhplattler
  Möglichkeit 1: Beim Hüpfen am Ort:

  o Rechte Hand zum linken Fuß vorm Körper.
  o Linke Hand zum rechten Fuß vorm Körper.
  o Rechte Hand zum linken Fuß hinterm Körper.
  o Linke Hand zum rechten Fuß hinter dem Körper. Tempo steigern, natürlich auch zu entsprechender Musik.

Möglichkeit 2: In der Vorwärtsbewegung:
- o Rechte Hand zum linken Fuß und linke Hand zum rechten Fuß vor dem Körper.
- o Rechte Hand zum linken Fuß und linke Hand zum rechten Fuß hinter dem Körper.
- o Kombination der beiden Übungen.
- o Kombination der beiden Übungen mit dem Rücken zur Laufrichtung.
- o Wie letzte Übung mit halber Drehung um die Körperlängsachse in der Mitte der Laufstrecke.

d)
- Reifen und Ball
Mit der einen Hand einen Gymnastikreifen durch die Halle rollen, mit der anderen Hand einen Ball prellen.

Übungen am Tisch:
- Tischtennis spielen; gleichzeitig spielen sich die Partner unter dem Tisch einen Ball zu.

5.3 Psychische und kognitive Fähigkeiten

Konzentration
Alle technisch-motorischen und taktischen Leistungen im Tischtennisspiel sind von einer sehr hohen Aufmerksamkeit des Athleten abhängig. Diese Leistungen sind dementsprechend nur mit einem Höchstmaß an Konzentration zu erreichen. Die Konzentrationsfähigkeit sollte so ausgeprägt sein, dass der Athlet vor allem seine Wettkämpfe (Meisterschaftsspiele, Turniere und Ranglisten), aber auch seine Trainingseinheiten von Anfang bis Ende erfolgreich bestreiten kann.

Lernfähigkeit
Die Lernfähigkeit ist besonders von der Motivation, Aufmerksamkeit, Konzentration und natürlich den motorischen Fähigkeiten der Spieler abhängig. Sind diese besonders ausgeprägt, werden die Spieler schneller lernen und in kürzerer Zeit mehr Fortschritte erzielen.

Entscheidungsfähigkeit
Die Geschwindigkeit und die vielfältigen Variationen bezüglich Platzierung und Rotation im Tischtennis verlangen nach einer ausgeprägten Entscheidungsfähigkeit, um in ständig neuen Situationen erfolgreich agieren zu können.

Motivation

Langfristige Motivation

Enorme Trainingsumfänge, ein langfristiger Trainingsprozess von ungefähr 8–12 Jahren bis zum Erreichen der individuellen optimalen Leistungsfähigkeit, zahllose Wettkämpfe durch gleichzeitigen Einsatz in Einzel- und Mannschaftswettkämpfen sowie die Bedeutung jedes einzelnen gespielten Balles machen den Leistungssport Tischtennis zu einer Sportart, die nur der hochmotivierte Sportler erfolgreich bewältigen kann. Zu große Wettkampfhäufigkeit gerade im Kindesalter kann das Phänomen des „Ausgebrannt-Seins" hervorrufen, das bei jungen Erwachsenen, die bereits früh leistungs- und erfolgsorientiert gearbeitet haben, auftritt.

Regulationsfähigkeit

Grundvoraussetzung für Erfolg

Tischtennis ist durch die Vielzahl der gewerteten Aktionen (Punktgewinn) und durch das ständig benötigte hohe Maß an Konzentration und Feinkoordination verbunden mit sehr schnellen Entscheidungen und der Tatsache, dass eigene Fehler unvermeidbar sind, psychisch sehr anspruchsvoll. Über- und Untererregung wirken sich sofort negativ auf das Spiel aus. Die Fähigkeit zur Selbstregulation ist deshalb eine Grundvoraussetzung für den erfolgreichen Spieler.

5.3.1 Hinweise zum Training in den Förderstufen

Kinder, die mit dem Sport beginnen, haben in der Regel einen ausgeprägten Bewegungsdrang und in der Altersstufe vor der Pubertät auch eine ausgeprägte Lernfähigkeit. Allerdings ist die Konzentrationsfähigkeit – gerade für leistungssportlich ausgerichtetes Training – nicht ausreichend entwickelt. Deshalb stellt sich den Trainern in den Förderstufen I und II vor allem die Aufgabe, diese Fähigkeiten behutsam aufzubauen und die notwendigen Grundlagen für das leistungssportliche Training in den Förderstufen III und IV sowie im Erwachsenentraining zu legen.

Früher Beginn der Schulung

Die Motivation zum Sporttreiben wird bereits im Kindergartenalter gelegt; je stabiler die Motive für bestimmte Handlungen sind, umso einfacher ist die Motivation in der folgenden Zeit der Karriere. Bereits in Förderstufe I muss daher damit begonnen werden, die Motive zu stärken und aufrecht zu erhalten. Später muss der Trainer zusammen mit den Sportlern individuelle sportliche Ziele formulieren, um Frustrationen durch Über- oder Unterforderung zu vermeiden.

Diese positive Grundeinstellung zum Sport und die Erkenntnis der eigenen Leistungsfähigkeit unterstützt die Regulationsfähigkeit. Techniken zur Förderung dieser Fähigkeiten (Entspannung, mentales Training etc.) können in reduzierter und kindgerechter Form bereits in Förderstufe II vermittelt werden.

5.4 Technische Fähigkeiten

5.4.1 Schlagtechniken

Tischtennis ist eine der technisch anspruchsvollsten Sportarten, weil jede der zahlreichen Techniken noch in unzähligen Variationen beherrscht sein muss. Dabei muss auch unter Zeitdruck eine optimale Ausprägung der Technik erreicht werden können, um die taktischen Grundelemente Tempo, Rotation, Platzierung und Flughöhe gezielt einzusetzen.

Das moderne Tischtennis ist rotationsorientiert, d.h., dass gerade Schläge mit Vorwärtsrotation (Topspin, Flip) einen großen Raum einnehmen. Unterstützt wird diese Tendenz durch das derzeit noch erlaubte Frischkleben von Belägen. Rotation und Frischklebeeffekte sind nur durch eine gute Technikgrundlage zu beherrschen. Die Grundausbildung sollte deshalb in Anlehnung an die optimalen Technikbilder großen Wert auf die korrekte Schulung legen, um sehr schwierige und zeitaufwendige Korrekturen von vornherein zu vermeiden. **Rotationsorientierung**

Technik allein aber macht noch keinen guten Tischtennisspieler aus; die Anwendung der Technik ist entscheidend. Deshalb findet man auch heute noch oft technisch schlecht ausgebildete Spieler in vorderen Positionen, weil die Anwendung ihrer individuellen Technikbilder optimal ist. Ziel der Talentförderung muss also die gute technische Grundausbildung mit guter Anwendungsfähigkeit sein. **Technikanwendung**

Im technischen Bereich wird sich – revolutionäre Materialveränderungen ausgenommen – die Entwicklung verlangsamen. Eher wird versucht werden, die taktischen Gegebenheiten immer besser auf das mit heutigen Techniken gestaltete Spiel abzustimmen. Spiel über die Außenlinien, erhöhte Variabilität in Tempo und Spin sowie Wechsel zwischen Defensiv- und Offensivspiel werden an Bedeutung gewinnen.

5.4.1.1 Tischtennis-Methodik-Modell (WTTV-Methodik-Modell)

Die Technikausbildung nimmt im Trainingsprozess eine zentrale Rolle ein. In der Literatur sind zahlreiche Vorschläge unterbreitet worden, nach denen eine methodische Vorgehensweise in diesem Bereich als sinnvoll erachtet wird. Die bekanntesten sind das „Schupfmodell" nach GRUMBACH, das „Kontermodell" nach BRUCKER/HARANGOZO, das „Topspinmodell" nach SKLORZ sowie das „Spiralmodell" in Anlehnung an MUSTER. Aufgrund der sportwissenschaftlichen Erkenntnisse und der Erfahrungen mit den o.g. Modellen wurde die Tischtennis-Methodik entwickelt, welche nachfolgend beschrieben wird. **Klassische Modelle**

Ganzheitliches Modell

Ganzheitliches Lernen

Das Methodikmodell, das im Westdeutschen Tischtennis-Verband entwickelt wurde, basiert auf den Prinzipien der Ganzheitlichkeit, der Altersgemäßheit sowie der Spielfähigkeit. Die Kinder sollen Tischtennis als komplexe, vielseitige Sportart erlernen und die Vielfalt der technischen und taktischen Grundlagen kennen lernen. Deshalb werden alle Schlagtechniken von Beginn an geschult und nicht, wie in anderen Modellen, als besonders schwierig geltende Schlagtechniken zurückgestellt. Modernes Tischtennis ist rotationsorientiert; Erfahrungen mit der Rotation (Topspin) bilden also von Beginn an zentrale Inhalte des Trainings. Als erste Technik wird deshalb der Vorhand-Topspin geschult, der gegenüber z. B. dem Schupf oder dem Konter noch einen weiteren Vorteil hat: er kann auch von kleineren Kindern ohne Behinderung durch den Tisch gespielt werden, während die anderen Schläge über dem 76 cm hohen Tisch nur mit Bewegungsabläufen ausgeführt werden können, die den weiteren Lernprozess erschweren. Eine Korrektur dieser Fehlerbilder ist später nur mit enorm hohem Aufwand möglich.

Spielfähigkeit

Wichtig ist auch der Faktor „Spielfähigkeit": Die Kinder sollen die Techniken nicht um der Technik willen lernen, sondern diese auch sofort individuell und selbstständig anwenden können. Sie deswegen schon früh auf Angriffs- oder Abwehrspiel festzulegen oder einseitig ausbilden, um über „sichere Bälle" zu Punktgewinnen und damit zu Erfolgen zu kommen, ist nicht im Sinne dieser Methodik.

Langsames Lerntempo

Der Lernprozess kann in diesem Modell langsamer ablaufen als bei den bisherigen Modellen, bedingt aber eine größere Festigung und größere Entfaltungsmöglichkeiten der Spieler.

Zur Erleichterung des Lernvorganges sowie zur Grundlegung einer stabilen Motivation sollte der Lernprozess unbedingt durch kindgerechtes Material unterstützt werden (besonders höhenverstellbare Tische, „Jumbo"-Bälle und kindgerechte Schläger).

Grobform

Alle Techniken werden in einem ersten Durchlauf des Modells zunächst bis zur Grobform geschult. Grobform bedeutet dabei, dass die Grobstruktur der Schläge (z. B. beim Topspin die Bewegung aus dem Unterarm, tangentialer Balltreffpunkt) erlernt wird. Dabei wird von Beginn an in zunehmendem Maße mit Verbindungen (kombinierte Übungen) gearbeitet und wettkampfmäßig trainiert (Technikanwendung in einfachen taktischen Spielhandlungen). Voraussetzungen sind natürlich Kenntnisse der richtigen Schlägerhaltung, der Körperhaltung und der Grundstellung. Nach dem ersten Durchlauf des Methodik-Modells beginnt der Kreislauf von vorne, wobei alle Techniken auf ein höheres Niveau gebracht werden.

Die Dauer eines Technikdurchganges ist sowohl vom individuellen Lerntempo als auch vom Lerntempo der Gruppe abhängig. Er kann zwischen einem halben und einem Jahr dauern.

Einer Einführung in die Spezialsportart Tischtennis muss in jedem Falle eine allgemeinmotorische Grundlagenausbildung voranschreiten und ständig parallel laufen, um effizientere und schnellere Lernerfolge erreichen zu können. Darauf aufbauend müssen die Kinder mit einer Einführung in die Rückschlagspiele (Speckbrettspiele, Indiaca, Federball etc.) an die Anforderungen dieser Sportartengruppe herangeführt werden. Erst bei Erreichen einer gewissen Mindesthandlungsfähigkeit kann mit der Schulung tischtennisspezifischer Inhalte begonnen werden. **Allgemeinmotorische Grundlagen**

Es ist also zwingend notwendig, eine allgemeinsportliche Ausbildung der Kinder und Jugendlichen stärker zu gewichten.

Materialanforderungen für das WTTV-Methodik-Modell

Ausgegangen wird bei der Tischtennisausbildung von folgenden – allgemein anzustrebenden – Grundbedingungen:
- 2 x 90 Minuten wöchentliches Training
- 10–12 Kinder pro Trainer
- für je 2 Kinder ein Tisch (höhenverstellbar!, möglichst auch separate Tischhälften verfügbar; evt. auch Einsatz von Matten)
- Ballkiste
- Roboter
- viele Tischtennisbälle unterschiedlicher Durchmesser
- Kinderschläger mit griffigen Backsidebelägen, mindestens 1,8 mm
- Videoanlage
- Luftballons
- möglichst viele verschiedene Bälle
- Rückschlagspiele (Indiaca, Badminton, Family Tennis etc.)
- Turngeräte, Markierungskegel, Fahnen, Weichbodenmatten, Gymnastikmatten

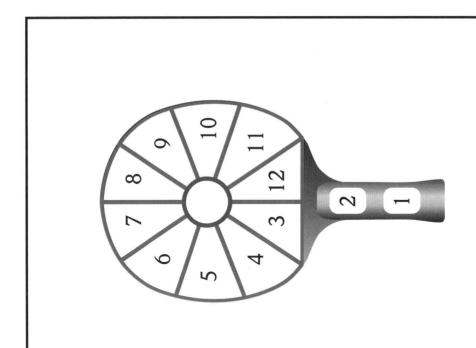

1. Ball- und Schlägergewöhnung
2. TT spielen
3. Vorhand-Topspin
4. langer Aufschlag
5. Vorhand-Block / Rückhand-Block
6. kurzer Aufschlag
7. Vorhand-Schupf / Rückhand-Schupf
   Flip bei ausreichender Körpergröße
8. Rückhand-Topspin
9. Vorhand-Abwehr
10. Rückhand-Abwehr
11. Vorhand-Konter / Vorhand-Schuss
12. Rückhand-Konter / Rückhand-Schuss

Abb. 15: Tischtennis-Methodik-Modell (WTTV-Methodik-Modell)

1. Lernschritt: Den (Tischtennis-) Ball wahrnehmen und mit dem Schläger treffen

Als Voraussetzung für das Tischtennisspiel werden Wahrnehmungs-, Reaktions- und Antizipationsfähigkeit geschult, ohne die später auf hohem Niveau und in großer Geschwindigkeit die Sportart nicht möglich ist. Das Erlernen koordinativer Qualitäten mit unterschiedlichen Bällen, mit und ohne Tischtennis-Schläger oder Schläger-Ersatz-Materialien ermöglicht vereinfachte Rückschlagspiele im vergrößerten Raum und mit dem Tischtennis-Tisch.

1.1 Gewöhnung an Schläger und Ball
Material: Kindgerechter TT-Schläger; verschiedene Bälle: TT-Bälle, große TT-Bälle, Softbälle in Tennisball-Größe, Luftballons...
Methode: vom Einfachen zum Schwierigen

1.1.1 Spieler und Ball am Ort
- erklären der Schlägerhaltung 'shakehand';
- Ball auf der VH-Seite des Schlägers balancieren;
- dto. auf der RH-Seite;
- Ball von Schläger zu Schläger des Partners übergeben;
- Ball auf der VH-Seite des Schlägers balancieren und dabei auf Kasten / Bank / Boden setzen und aufstehen;
- Ball auf dem Schläger balancieren und auf einem Bein stehen;
- dto., mit dem freien Bein kreisen, vor- zurückschwingen;
- Ball auf dem Schläger balancieren; dabei mit dem freien Arm kreisen (Achterschwingen);
- Ball auf dem Schläger balancieren und Anzahl der hochgehaltenen Finger des Trainers / Partners erkennen. Position zum Trainer frontal, seitlich... ;
- alle Übungen auch mit der ‚falschen' Hand durchführen.

1.1.2 Ball auf dem Schläger, Spieler in Bewegung
- Ball auf der VH-Seite balancieren, gehen;
- alle Spieler bewegen sich in begrenztem Feld;
- Ball auf dem Schläger balancieren, über Hindernisse (Bänke, kleine Kästen) gehen;
- Ball auf dem Schläger balancieren und über ein auf dem Boden liegendes Springseil balancieren;
- Ball auf dem Schläger balancieren, alle bewegen sich in begrenztem Feld. Versuchen, den Partnern die Bälle von deren Schlägern zu pusten;
- Ball auf dem Schläger balancieren, Slalomlauf um Tische, Markierungsstangen; auch als Staffel;
- Ball auf dem Schläger balancieren, auf einem Bein hüpfen; dto. als 'Hahnenkampf';

- Ball auf dem Schläger balancieren; 6-Tage-Rennen;
- alle Übungen auch mit der ‚falschen' Hand durchführen.

1.1.3 Spieler am Ort, Ball in (vertikaler) Bewegung
- Ball auf der VH-Seite des Schlägers tippen, wer schafft die meisten Wiederholungen?;
- dto. mit der RH;
- Ball verschieden hoch tippen;
- den hochgeschlagenen Ball mit dem Schläger auffangen;
- dem Ball beim Hochschlagen Rotation geben und dann mit dem Schläger weiter ohne Rotation hochspielen;
- alle Übungen im Wechsel mit VH und RH;
- Zirkus: Den Ball mit der Schlägerkante, dem Griff tippen; auch im Wechsel mit dem Schlägerblatt;
- alle Übungen auch mit der ‚falschen' Hand;
- alle Übungen, die freie Hand hält ein Auge zu;
- alle Übungen, dabei gegebene Zeichen des Trainers / Partners erkennen.

1.1.4 Spieler in Bewegung, Ball in (vertikaler) Bewegung
- alle Übungen aus 1.1.3; beginnen mit Gehen – langsam – schneller laufen; Hopserlauf; auf einem Bein hüpfen; Vierfüßlergang; Spinnengang... .

1.1.5 Spieler in Bewegung, Ball in horizontaler und vertikaler Bewegung
- Abstand zur Wand 1–3 Meter, den Ball mit der VH gegen die Wand schlagen, auf dem Boden aufspringen lassen usw.;
- versuchen, verschieden große Zielfelder an der Wand zu treffen; die Zielfelder hoch anbringen, um Tief-Hoch-Bewegung (Topspin) zu erlernen;
- dto., Doppelspiel mit Partner;
- dto., mit der ‚falschen' Hand;
- dto., mit der RH;
- dto., mit VH und RH;
- den von der Wand zurückspringenden Ball volley zurückspielen; VH, RH, VH und RH, ‚falsche' Hand;
- den Ball schräg an die Wand spielen und mit seitlichen Schritten (Sidesteps) erlaufen;
- den Ball in der Hallenecke über zwei Banden spielen;
- bei allen Übungen ein Auge zuhalten;
- verschiedene ‚Schläger' benutzen (Schuh-, Haarbürsten, Frühstücksbrettchen, Badmintonschläger, Tambourine, Bratpfannen;
- auf Langbank, Kasten stehend den Ball an die Wand schlagen;
- den Ball zum Partner spielen;

- dto., eine Umrandung ist das Netz. Hier können erste Rückschlagspiele in begrenztem Raum gespielt werden (natürlich auch mit der ‚falschen' Hand);
- Rundlauf mit Tischtennis-Tennis über die Umrandung;
- der längs oder quer aufgestellte Tisch dient als Netz;
- eine hochgeklappte Tischhälfte ist der 'Partner';
- den Ball durch einen vom Trainer gehaltenen Gymnastikreifen spielen;
- alle Übungen als Doppelspiel;
- alle Übungen mit zwei Schlägern und jeweils nur mit der VH spielen;
- verschiedene Schläger / Beläge verwenden;
- verschiedene Bälle verwenden;
- nur beidhändig spielen;
- Doppelspiele mit nur einem Schläger pro Paar.

2. Lernschritt: Tischtennis spielen

Tischtennis spielen bedeutet hier, dass die Kinder einen selbst hochgeworfenen sowie einen vom Partner zugespielten Tischtennisball über das Netz spielen können. Schlagtechniken werden in dieser Lernstufe nicht definiert und vorgegeben, sondern selbständig von den Kindern erarbeitet. Ziel dieser Lernstufe ist das Entwickeln kreativer Lösungsmöglichkeiten um den Ball zum Gegner zurückzuspielen. Als sportartspezifische Fertigkeiten werden die ideale Shakehand-Schlägerhaltung, die Neutralposition und die Grundstellung erlernt. Wichtig ist auch das Erlernen von Wahrnehmung und Antizipation als Grundlage für die Spielfähigkeit in den Rückschlagspielen.

Jetzt wird am Tischtennistisch gespielt. Es werden verschiedene Schläger und Bälle benutzt. Um das Spiel zu verlangsamen, bieten sich speziell die im Handel erhältlichen größeren TT-Bälle an.

Den Kindern werden die grundlegenden Regeln des TT-Spiels erklärt, nach denen nun weitgehend gespielt werden soll.

Als weiterer Hinweis zur Technik wird von den Kindern lediglich verlangt, Bälle, die vor und links vom Körper platziert werden, mit der Rückhand, und Bälle, die rechts vom Körper platziert werden, mit der Vorhand zu spielen.

Bei Bällen, die in den Bereich des Ellbogens gespielt werden, sollen die Kinder immer zwischen Vorhand- und Rückhandspiel entscheiden, sich aber keinesfalls grundsätzlich auf eine der beiden Schlägerseiten festlegen.

Da eigener Ballwurf und Aufschlag zu Beginn große Schwierigkeiten bereiten können, darf der Ball zunächst mit indirektem Aufschlag (den Ball auf der eigenen Tischhälfte fallen lassen und nach dem Aufsprung zum Partner spielen) ins Spiel gebracht werden.

Dem Wettkampfgedanken des Tischtennis wird von Beginn an Rechnung getragen. Es werden kurze Sätze gespielt; es kann aber auch darum gekämpft werden, welche zwei Spieler den Ball am längsten fehlerfrei im Spiel halten können.

Damit von Beginn an die Schlaghärte und -richtung unterschiedlich dosiert werden kann, wird der Tisch in seinem Aufbau häufig variiert. Anpassungsfähigkeit an den ankommenden Ball kann durch den schrägen Aufbau des Tisches verbessert werden. In der Regel spielen die Kinder in der FS I an kindgerecht niedrigeren Tischen. Gelegentlich kann die Tischhöhe jedoch auch reduziert oder erhöht werden, um die Anpassungsfähigkeit zu verbessern.

Der Zeitrahmen dieser Trainingsstufe kann nicht konkret definiert werden. Einerseits muss so lange geübt werden, bis die Kinder in der Lage sind, auf den ankommenden Ball adäquat und regelgerecht zu reagieren – kleine Spiele müssen möglich sein – andererseits darf jedoch nur so lange mit diesen undefinierten und von den Kindern selbst erfundenen Schlagtechniken gespielt werden, dass die weitere technische Entwicklung nicht durch Automatisierung stark fehlerhafter Bewegungen behindert wird. Hier muss der Trainer mit Fachkompetenz auch innerhalb der Trainingsgruppe differenzieren können.

3. Lernschritt: Vorhand-Topspin (VHT)

Das Gefühl für eine der Zielbewegung ähnliche Technik wird durch die Vorübung an der Wand entwickelt (s.a. 3.1.1).

Über weitere bekannte Vor-Übungen wird das Lernziel dieser Trainingsstufe erreicht: Der Ball wird gegen aus der Ballkiste zugespielte Bälle oder gegen langsame geblockte Bälle des Trainers oder eines schon fortgeschrittenen Spielers in einer Grobform des VHT gespielt.

Erlernen der Grobform

Im modernen Angriff-Tischtennis ist insbesondere der Vorhand-Topspin (abgesehen vom Aufschlag) die dominierende Schlagtechnik. Da auch die bei niedrigeren Tischen für Kinder ungewohnte Höhe des Spielfeldes hauptsächlich Schlagbewegungen von unten nach oben erfordert, muss das Erlernen des VHT als erste Schlagtechnik als zwangsläufig logisch gefordert werden.

Ein traditionelles methodisches Prinzip des Tischtennis-Lehrens und -Lernens ist „vom regelmäßigen zum unregelmäßigen Spiel" (s.a. „7 methodische Schritte" nach KLINGEN). Dieses Prinzip wurde in Lernschritt 2 umgekehrt, kann nun jedoch wieder sinnvoll angewandt werden. Dabei ist jedoch zu beachten, dass nicht unerwünschte Nebenbewegungen oder das Nicht-Beachten der Neutralposition des Schlägers automatisiert werden.

3.1 Übungen

3.1.1 Bevor die Schlagtechnik kognitiv verarbeitet wird, können in der nachfolgend beschriebenen Vorübung bereits die wichtigsten Eckpunkte der Bewegung – tangentiales Treffen des Balles und von hinten-unten nach vorne-oben orientierte Bewegung – erfahren werden:

Der Spieler steht 2–3 Meter von einer Hallenwand entfernt und erhält die Aufgabe, den Ball nach dem Aufsprung auf dem Boden so an die Wand zu schlagen, dass er – ohne noch einmal berührt zu werden – auf dem Fußboden zur Wand zurückrollt. Wird die Aufgabe gelöst, hat der Spieler bereits die grundlegenden Elemente der Schlagtechnik richtig angewendet und kann nun mit dem Training des VHT am Tisch beginnen.

3.1.2 Der Trainer spielt die Bälle aus der Ballkiste mit leichtem Unterschnitt und in geringer Schlagfrequenz in die Mitte der VH-Hälfte ein. Der Spieler zieht VHT. Mit fortschreitender Verbesserung der Technik werden die Bälle über die gesamte VH-Hälfte des Tisches verteilt, die Frequenz der zugespielten Bälle erhöht und die Rotation variiert (Bälle mit mehr oder weniger Schnitt). So muss sich der Spieler von Beginn an den unterschiedlichen Bedingungen anpassen. Darüber hinaus werden grundsätzlich gelegentlich Bälle in die Rückhand platziert, um die Aufmerksamkeit und das Fordern der Neutralposition zu unterstützen.

Auf ein wichtiges Detail beim Training mit vielen Bällen aus der Ballkiste ist unbedingt zu achten: Der Spieler bemüht sich normalerweise darum, den Schläger des Trainers mit seinen Schlägen nicht zu treffen. Daher muss der Trainer / Zuspieler seine Position, aus der er die Bälle zuspielt immer wieder wechseln, weil sich der Spieler sonst zwangsläufig angewöhnen würde, auf eine Stelle des Tisches seine Schläge nie zu platzieren.

Der Einsatz der unregelmäßig und unterschiedlich zugespielten Schläge muss vom Trainer präzise dosiert werden. Bei der Technikverbesserung darf der Spieler nicht überfordert werden, damit der Lernfortschritt im Sinne der gestellten Aufgabe nicht behindert wird.

3.1.3 Der Trainer blockt nun die Topspins. Der Spieler zieht permanent Vorhand-Topspins gegen diese passiven Blocks. Auch hier setzt der Trainer bei zunehmendem Lernerfolg unregelmäßige und variierte Schläge ein.

3.1.4 Der Trainer spielt nun die Bälle aus der Ballkiste mit leichtem bis mäßigem Oberschnitt (Topspin) ein. Die Position des Spielers ist etwas weiter (1,5–2 m) von der Grundlinie des Tisches entfernt, und er spielt die Bälle mit Vorhand-Topspin zurück. Damit werden die Grundlagen für das Spiel Topspin gegen Topspin gelegt.

Das Zuspiel des Trainers erfolgt auf verschiedene Punkte des Tisches, so dass schon hier die verschiedenen Fußstellungen beim VHT, die abhängig sind von der Position des Spielers und der geplanten Platzierung des Balles, geschult werden:
- VHT aus der VH-Ecke, diagonal: Fußstellung annähernd parallel zur Grundlinie;
- VHT aus der Mitte in die VH: Fußstellung etwas schräger als aus der Vorhand-Ecke;.
- VHT aus der Mitte in die RH; Fußstellung noch schräger, annähernd parallel zur Mittellinie;
- VHT aus der RH-Ecke, diagonal; Fußstellung ungefähr parallel zur Seitenlinie oder noch etwas weiter geöffnet.

3.1.5 Die Spieler trainieren leichte VHT gegen VHT aus der etwas vergrößerten Distanz zum Tisch, die jedoch so bald wie möglich variiert wird. Es werden bewusst unterschiedlich hohe Flugkurven des Balles trainiert.
Die Platzierung des Balles erfolgt:
- diagonal über die VH;
- parallel über die Tischmitte;
- diagonal über die Rückhand-Ecken.

Grundsätzlich werden auch bei diesen Übungen gelegentlich unregelmäßige Schläge in die Rückhand eingestreut, um die Aufmerksamkeit auf hohem Niveau zu halten und Wahrnehmung, Reaktion und Antizipation zu verbessern.

4. Lernschritt: Langer Aufschlag (LA)
Es wird ein Aufschlag erlernt, der mit der bereits rudimentär beherrschten Technik VHT retourniert werden kann. Der LA wird mit Unter- und Oberschnitt trainiert, damit der Rückschläger sich bei seinem VHT schon jetzt an die erforderlichen unterschiedlichen Schlagwinkel anzupassen lernt.
Es muss darauf geachtet werden, dass die Aufschläge von Beginn an regelgerecht ausgeführt werden.

Alle im Methodik-Modell folgenden Techniken werden nach den gleichen Grundprinzipien geschult: über einfach-regelmäßige Schläge und kombiniert-regelmäßige Schläge sind kombiniert-unregelmäßige Übungen als Ziel jeder Technikschulung anzustreben. Die Trainer können sich dabei an den unter Lernschritt 3 (VHT) genannten Übungen orientieren, wobei je nach fortschreitender Fertigkeit der Spieler ein Training untereinander immer sinnvoller wird. Individualtraining mit dem Trainer als Rückspieler, Roboter- und Balleimertraining sind zusätzliche sinnvolle Trainingsmethoden.

5. Lernschritt: Vorhand- und Rückhand-Block (VHB, RHB)
Mit diesen Schlagtechniken stehen dem Spieler Antwortschläge für den VHT des Gegners zur Verfügung, so dass nun bereits Schlagserien, weitere Trainingsübungen und eine grundlegende Tischtennis-Spielfähigkeit ermöglicht wird.
Es ist nicht von Bedeutung, ob zuerst der VHB oder der RHB erlernt wird; beide Techniken sind motorisch sehr einfach. Das Hauptproblem beim Block eines Topspins ist, den Ball überhaupt mit dem Schläger zu erreichen und den der Rotation des ankommenden Balles angepassten Schlägerwinkel zu finden. Wichtig ist deshalb, dass so schnell wie möglich mit beiden Schlägerseiten geblockt wird und dass die VHTs sehr unregelmäßig zugespielt werden, damit das Niveau der Wahrnehmungs-, Reaktions- und Antizipationsfähigkeit ständig verbessert wird.

6. Lernschritt: Kurzer Aufschlag (KA)
Dieser Aufschlag wird in der zukünftigen Entwicklung des Tischtennisspielers eine sehr große Bedeutung haben, weswegen er schon früh in den Trainingsprozess aufgenommen wird. Da für den KA jetzt jedoch noch keine adäquate Rückschlagtechnik vorhanden ist, muss nach nur kurzer Zeit die nächste Schlagtechnik eingeführt werden.

7. Lernschritt: Vorhand- und Rückhand-Schupfen (VHSch, RHSch); Vorhand- und Rückhand-Flip (VHF, RHF)
Mit diesen Techniken wird es ermöglicht, den gerade zuvor erlernten KA zurückzuspielen. Es sind nun wettkampfnahe Spieleröffnungen und Trainingsübungen mit den Schlagkombinationen: KA ==> VHSch / RHSch ==> VHT ==> VHB / RHB möglich.
Als wichtiger Hinweis muss den Kindern immer wieder verdeutlicht werden, dass nur kurz zugespielte Bälle geschupft werden dürfen! Lang zugespielte Bälle werden grundsätzlich mit Topspin (oder anderen Angriffs-Schlagarten) retourniert, um von Beginn an die für das Tischtennis-Spiel notwendige Aggressivität zu entwickeln. Zudem ist ein VHT motorisch weniger schwierig als ein VHSch gegen einen langen Ball. Außerdem besteht die Gefahr, dass speziell bei zu viel RHSch die ideale Schlägerhaltung in Richtung Rückhand-Griff geändert wird. Daher muss auch darauf geachtet werden, dass nur von einem Drittel der Tischbreite mit der RH geschupft wird.
Nochmals: Aggressivität und Mut zum Risiko sind langfristig erfolgversprechender als Sicherheitsdenken.
Im zweiten Durchlauf aller Schlagtechniken werden an dieser Stelle

Vorhand- und Rückhand-Flip als weitere Rückgabe-Möglichkeit kurzer Aufschläge eingeführt.

8. Lernschritt: Rückhand-Topspin (RHT)

Mit dieser Technik, zu der über das Werfen der Frisbee-Scheibe ein günstiger Zugang gefunden werden kann, wird ein beidseitiges Rotationsspiel ermöglicht. Durch die stärkere Gewichtung des Vorhand-Spiels im vorangegangenen Lernprozess sollte erstens erreicht werden, dass die ideale Schlägerhaltung automatisiert wird und sich keinesfalls ein Rückhand-Griff ausbildet und zweitens, dass durch die 2/3-VH- 1/3-RH-Tischaufteilung die Beinarbeit gefördert wird. Daher findet erst jetzt der RHT den Eingang in das Methodik-Modell. Der methodische Lernweg bis zu einer Grobform der Technik entspricht derjenigen des VHT. Zum Erlernen der Rückhand-Topspintechnik sei an dieser Stelle das Spiel „Ultimate" empfohlen, die Wettkampfform des Frisbee:

- Zwei Mannschaften haben die Aufgabe, durch Passen und Fangen eine Frisbeescheibe hinter eine Mallinie zu befördern, wo sie von einem Mitglied der eigenen Mannschaft gefangen werden muss. Die gegnerische Mannschaft versucht, dies durch Abfangen der Scheibe zu verhindern. Gelingt dies, so kann diese Mannschaft ihrerseits versuchen, die Scheibe hinter die eigene Mallinie zu befördern. Mit der Scheibe darf nicht gelaufen werden, Gegnerberührungen sind verboten, auf dem Boden liegende Scheiben sind frei.

9. Lernschritt: Vorhand-Abwehr (VHAb)

Die Absicht, ein so breit wie möglich gefächertes Repertoire an Schlagtechniken anzubieten, macht auch heute – trotz der Dominanz des Angriffspiels – das Erlernen der Abwehrtechniken unverzichtbar. Dabei sind die folgenden Begründungen die wichtigsten:

- Die Phase des besten motorischen Lernalters verlangt im Sinne der Verbesserung der koordinativen Fähigkeiten vielfältige unterschiedliche Bewegungsmuster;
- es wird nach dem Block eine weitere Rückschlagvariante des gegnerischen Topspins geschaffen, womit der Spieler gleichzeitig Trainingsmöglichkeit gegen das heute nicht mehr sehr verbreitete – aber niemals aussterbende – Abwehrsystem erhält;
- es werden denjenigen Spielern Schlagtechniken angeboten, die eine eher defensive und abwartende Spielweise bevorzugen;
- letztlich kann erst nach dem Erlernen der Abwehrtechniken der Spieler selbst entscheiden, welches Spielsystem er bevorzugen möchte, beziehungsweise erst dann kann der Trainer den Spieler diesbezüglich beraten.

Es wird zunächst die VHAb erlernt, um weiterhin die Beinarbeit zu fördern und die Gefahr einer Rückhand-Griffhaltung auszuschließen.

10. Lernschritt: Rückhand-Abwehr (RHAb)
Analog zur Einführung der bisherigen Schlagtechniken wird auch bei der Abwehr so bald wie möglich die Beidseitigkeit gefördert.

11. Lernschritt: Vorhand-Kontern / Vorhand-Schuss (VHK / VHS)
Konter und Schuss haben auch im heutigen, vom Topspin dominierten Tischtennis eine – wenn auch im Vergleich zu früheren Zeiten geringere – Daseinsberechtigung. Darüber hinaus kann im Verlauf des Tischtennis-Lernens eine spezielle Materialwahl, z.B. kurze Noppen-außen, dem Konter oder Schuss zu individuell größerer Bedeutung verhelfen. Absolut notwendig ist es für alle Spieler, mit dem Vorhand-Schuss hohe Bälle des Gegners zum Punktgewinn auszunutzen und sich nicht nur auf den Topspin zu verlassen. Mit dem Einsatz von Konter und Schuss kann eine große Temposteigerung des Spiels erreicht werden und damit auch eine Intensivierung der tischnahen Beinarbeit mit Ausfallschritten und Sidesteps parallel zur Grundlinie.

12. Lernschritt: Rückhand-Kontern / Rückhand-Schuss (RHK / RHS)
Für das Erlernen dieser Techniken gelten die selben Begründungen wie beim VHK / VHS dargestellt. Aus taktischer Sicht bietet sich der RHK als eine aktive Form des RHB bei der Rückgabe des Topspins an. Der RHS kann besonders gut gegen langsame, kurze, über Netzniveau hochspringende Bälle über dem Tisch angewendet werden.

Ballonabwehr (BAb)
Diese Technik findet im vorliegenden Modell keine ausdrückliche Berücksichtigung, wenn sie auch im modernen Tischtennis-Sport häufig, jedoch oft erfolglos, zur Anwendung kommt. Hinsichtlich des koordinativen Lernens sollte die Ballonabwehr jedoch durchaus gelegentlich trainiert werden. Es bietet sich an, sie im Verlaufe der Einführung des VHS zu trainieren. Dabei ist darauf zu achten, dass sie als tangentialer Schlag mit Vorwärtsrotation gespielt werden soll, um dem Gegner den Schuss zu erschweren.

5.4.1.2 Tischtennis-Future-Star
Bei der Grundausbildung der Tischtennisspieler kann das System des „Tischtennis-Future-Star" unterstützend eingesetzt werden. Dieses System ist ähnlich aufgebaut wie das „Gürtel-System" im Judo: für eine erbrachte Leistung erhalten die Kinder einen „Future-Star", das ist ein Kunststoff-„Edelstein", der auf eine personalisierte Urkunde aufgeklebt wird. Die einzelnen Prüfungen, die monatlich von den Übungsleitern abgenommen werden, orientieren sich am WTTV-Methodik-Modell und decken die Förderstufe I im Verein ab. Trainer und Kinder können sich

so gezielt auf die einzelnen Prüfungen vorbereiten und diese in Abstimmung zum Trainingsplan bringen.

Interessant ist beim „Future-Star" auch die Möglichkeit, einen qualitativ sehr guten Anfängerschläger zu erwerben, der den Lernprozess deutlich beschleunigt.

Nähere Informationen zum „Tischtennis-Future-Star" gibt es unter www.tt-future-star.de oder bei der WTTV-Geschäftsstelle (info@wttv.de).

5.4.2 Hinweise zum Training in den Förderstufen

Förderstufe I
In der Förderstufe I werden alle Techniken des Methodik-Modells dreimal durchlaufen (Ausnahme: Flip bei zu geringer Körpergröße).

1. Durchlauf, ungefähr 6 Monate
Zielsetzungen
- Schulung und Verbesserung von Wahrnehmung, Reaktion und Antizipation;
- Erlernen der Grobform der Schlagtechniken;
- die Schlagprinzipien müssen im Flug- und Absprungverhalten des Balles erkennbar sein;
- im Durchschnitt soll die Technik gegen präzise zugespielte Bälle (Trainer/Ballkiste) fehlerfrei dreimal gespielt werden können:
- Platzierung des Balles in die diagonale und parallele Hälfte des Tisches;
- mindestens 50% aller zugespielten Bälle sind unregelmäßig platziert.

2. Durchlauf, ungefähr 6 Monate
Zielsetzungen
- die Schlagprinzipien müssen durch Verbesserung der Techniken in Richtung Feinform deutlich erkennbar sein;
- im Durchschnitt soll die Technik gegen präzise zugespielte Bälle (Trainer/Ballkiste) sechsmal fehlerfrei gespielt werden können, gegen unpräzise Schläge des gleichwertigen Partners dreimal;
- Platzierung des Balles in kleinere Zielfelder in VH, RH und Mitte des Tisches;
- der Anteil kombinierter Übungen wird deutlich erhöht;
- im Sinne der Verbesserung von Schlag- und Beinarbeittechnik kann der Anteil unregelmäßiger Schläge reduziert werden, wobei auch hier nicht auf sie verzichtet werden darf;
- die Schläge werden in Grobform aus der Bewegung heraus gespielt;

- die Beinarbeit parallel zur Grundlinie (Ausfallschritte, Sidesteps) wird geschult;
- in der Grobform müssen die Techniken in halb- bis unregelmäßigen Übungen in reduziertem Tempo stabil sein;
- beim Rückschlag auf kurze Aufschläge werden die Bewegungen vor und zurück geschult;
- die Aufschläge sollen präzise auf fünf Punkte (DIN A4-Blätter) platziert werden.

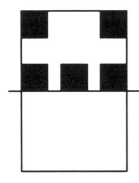

Abb. 16: Platzierungspunkte für Aufschläge

Abschluss des zweiten Durchlaufes von FS I ist der Erwerb des TT-Sportabzeichens.

3. Durchlauf, ungefähr 6 Monate; beginnt mit Punkt 3 des Methodik-Modells

Zielsetzungen
- Techniken bis Punkt 8 werden in Richtung Feinform ausgebildet;
- Präzisierung der Platzierung;
- Verstärkung der Rotation;
- Erhöhen des Tempos;
- größere Schlagsicherheit in halb- und unregelmäßiger Situation anstreben;
- in der Technikschulung sollte der Anteil unregelmäßiger Schläge (z. B. beim Balleimertraining) reduziert werden;
- die Techniken 9–12 werden unter erleichterten Bedingungen in Richtung Feinform geschult;
- der Block wird zum Spinblock weiterentwickelt und gegen Topspins mit reduziertem Tempo grundsätzlich nur noch unregelmäßig trainiert;

- Schupfen wird nur mit Einbezug des KA und nur unregelmäßig trainiert; es ist dabei unbedingt zu beachten, dass lang platzierte Bälle mit der VH grundsätzlich, mit der RH nach Möglichkeit, nicht geschupft, sondern mit Topspin angegriffen werden sollen.

Förderstufe II

Die Techniken des Methodik-Modells in der FS II werden zweimal durchlaufen.

4. Durchlauf des Methodik-Modells ab Punkt 3, Dauer ungefähr 6 Monate
Zielsetzungen
- Schwerpunkt in der Technikschulung des RHT (auf Neutralgriff achten!);
- Training der Wechsel von VH- zu RH-Angriff und RH- zu VH-Angriff in halb- und unregelmäßiger Situation;
- Training der Beinarbeit parallel zur Grundlinie in höherem Tempo und über größere Distanzen; Training der Vor- und Zurückbewegungen.

5. Durchlauf des Methodik-Modells; ungefähr 6–12 Monate
Zielsetzungen
- Schwerpunkt ist die Technikschulung in Richtung Feinform der Schlagtechniken 3–12.

Abschluss der FS II ist die Teilnahme am Bambini-Turnier des WTTV.

Förderstufe III

6. Durchlauf des Methodik-Modells ab Punkt 3
Zielsetzungen
- Erlernen des Flip mit VH und RH; Trainingsaufbau entsprechend dem der anderen Techniken in den FS I und II;
- aktiver und passiver Einsatz unterschiedlichen Materials wie kurze und lange Noppen außen; Antispin etc.;
- Schwerpunkt in der Schulung des Aufschlag- und Rückschlagspiels;
- Entwicklung des individuellen Spielsystems und entsprechend gestaltetes individuelles Training;
- Training gegen unterschiedliche Spielsysteme;
- Beinarbeit: Einführung des Kreuzschrittes;

- Weitere Präzisierung der Platzierung, auch kurz-lang / lang-kurz. Als Aufschlag und als Rückschlag gegen kurze Aufschläge, auch halblang;
- Erhöhen des Spieltempos;
- Verstärken und variieren der Rotation;
- Variation der Flugkurve (Ballonabwehr gelegentlich einstreuen, ohne diese jedoch wie die anderen Schlagtechniken zu trainieren);
- Lernen, die Grundschläge bewusst variabel einzusetzen.

Abschluss der FS III ist der Beginn der Teilnahme am regelmäßigen Wettkampfbetrieb (kann auch schon während FS II begonnen werden) in einer Mannschaft, an Einzelturnieren und im offiziellen Ranglistensystem.

Förderstufe IV

Weitere Durchläufe des Methodik-Modells mit individueller Ausrichtung

Zielsetzungen
- Individuelles Technik- und Taktiktraining bezogen auf das eigene Spielsystem;
- Varianten der Grundschläge; taktischer Einsatz der Schlagtechniken;
- Technik- und Taktiktraining in Verbindung mit der Intensivierung der konditionellen Belastung.

Im taktischen Bereich werden die **PTRF-Effekte** parallel zur Technikschulung erarbeitet:
P: Platzierung (Parallel, diagonal, auf bestimmte Punkte in Abhängigkeit des Gegnerverhaltens);
T: Tempo (verschieden hohe Tempi in den einzelnen Techniken, situative Anwendung unterschiedlicher Techniken;
R: Rotation (Schnittvarianten in allen tangentialen Schlägen und Wechsel von Techniken mit und ohne Rotation);
F: Flughöhe (situativer Einsatz flacher, halbhoher und hoher Bälle).

5.4.3 Technik der Grundschläge

Alle Schlagtechniken sind für **Rechtshänder** beschrieben

Abkürzungen:

VH	Vorhand
RH	Rückhand
K	Kontern
T	Topspin
Sch	Schupfen
S	Schuss / Endschlag
Ab	(Schnitt-) Abwehr
B	Block
F	Flip

Schlägerhaltung

Es wird zwischen den Schlägerhaltungen „Shake-hand" und „Penholder" unterschieden.

Beide Schlägerhaltungen haben Vorteile und bei korrekter Ausführung nur leichte Nachteile gegenüber der jeweils anderen. Es besteht kein Anlass, von vornherein eine der beiden zu bevorzugen.

Bei beiden Schlägerhaltungen ist darauf zu achten, dass das Handgelenk seine volle Beweglichkeit behält, und dass durch Abweichungen von der korrekten Haltung nicht bestimmte Techniken erleichtert, andere aber dadurch erheblich erschwert werden.

Von Beginn an **muss** auf absolut **korrekte Haltung** geachtet werden. Abweichungen können auch im fortgeschrittenen Stadium noch auftreten und müssen **sofort korrigiert** werden.

„Shake-hand"

Wenn Daumen und Zeigefinger der gestreckten Hand zueinander bewegt werden, bildet sich eine Hautfalte. Genau in Verlängerung dieser Hautfalte liegt die obere Kante des Schlägerblattes (Neutralgriff). Selbst eine geringe Neigung des Schlägerblattes in Richtung Daumen oder Zeigefinger darf nicht toleriert werden.

Abb. 17: Shake-hand-Schlägerhaltung mit Neutralgriff

Abb. 18: Shake-hand-Griff

Der Schlägergriff wird locker von Mittel-, Ring- und kleinem Finger gefasst, nicht zu nah am Schlägerblatt und nicht zu weit von diesem entfernt. Der Daumen liegt auf der Vorhand-Seite, der Zeigefinger ungefähr parallel zum Daumen auf der Rückhand-Seite des Schlägers.

Mit einer korrekten Shakehand-Schlägerhaltung sind alle Schläge mit Vorhand und Rückhand gleichermaßen gut erlernbar.

„Penholder"

Da in Europa (und zuletzt auch in Asien) fast ausschließlich mit Shake-hand-Spielern gearbeitet wird und auch die Trainingsmethodik auf dieser Griffhaltung basiert, wird im Rahmentrainingsplan nicht näher auf Technik, Taktik und Methodik mit der Penholder-Griffhaltung eingegangen.

a) Chinesische Penholderhaltung: Die Hand umfasst den Schläger so, dass Daumen und Zeigefinger auf der Vorhandseite liegen. Zwischen den Spitzen von Daumen und Zeigefinger ist etwa ein zweifingerbreiter Abstand. Der gebeugte Mittelfinger liegt auf der Rückseite des Schlägerblattes, der Ringfinger liegt am Mittelfinger, der kleine Finger am Ringfinger an.

b) Japanische Penholderhaltung: Die Hand fasst den Schläger so, dass Daumen und Zeigefinger auf der Vorhandseite liegen, wobei sich die Fingerspitzen berühren. Die Spitzen der leicht gebeugten Mitttel-, Ring- und Kleinen Finger liegen auf der Rückseite des Schlägers nebeneinander.

Grundstellung, Neutralposition

Die Grundstellung ist eine Armlänge hinter dem Tisch in der Mitte der Rückhandseite des Tisches, so dass alle Aufschläge mit nur einem Schritt erreicht werden können.

Die Füße sind etwas mehr als schulterbreit voneinander entfernt, der rechte Fuß ist etwa eine halbe Fußlänge weiter vom Tisch entfernt als der linke. Die rechte Körperseite ist etwas zum Tisch geöffnet.

Sprunggelenke, Knie und Hüfte sind gebeugt; der Oberkörper wird bei geradem Rücken so weit nach vorne gebeugt, bis die Zehen leicht angezogen werden müssen um das Gleichgewicht zu halten. So liegt das Körpergewicht optimal auf beiden Fußballen. Der Oberarm des Schlagarmes hängt locker herunter, der Ellbogen ist etwa eine Handbreit vom Körper entfernt. Der Unterarm wird so weit angewinkelt bis die Unterkante des Schlägers über Tischhöhe ist. Die Schlägerspitze zeigt bei der Shake-hand-Haltung nach vorne in der neutralen Position genau zwischen Vorhand und Rückhand.

Abb. 19: Grundstellung

Ausgangsstellung

Diese ist die Position, die während der Ballwechsel zwischen den Schlägen eingenommen wird. Die Körperhaltung ist die gleiche wie in der Grundstellung, jedoch ist die Position zum Tisch abhängig vom zuletzt gespielten Ball, dem Spielsystem und dem erwarteten nächsten Ball des Gegners.
Die Position der Füße in Bezug auf die Grundlinie des Tisches ist zum einen abhängig von der Entfernung des Spielers zum Tisch: Nah am Tisch sind die Fußspitzen ungefähr parallel zur Grundlinie; je weiter der Spieler sich vom Tisch entfernt, desto schräger ist dann die Fußstellung. Bei RH-Schlägen ist dann der rechte, bei VH-Schlägen der linke Fuß näher an der Grundlinie und der Körper dementsprechend zum Tisch geöffnet.
Zum anderen ändert sich die Fußstellung bei VH-Schlägen je nach der Platzierung des zugespielten Balles: Zu Schlägen aus der VH-Ecke stehen die Füße parallel zur Grundlinie; je weiter der Spieler seine Position zu VH-Schlägen in seine RH-Seite verschiebt, desto schräger ist seine Position zum Tisch. Bei VH-Schlägen aus der RH-Ecke sind dann die Fußspitzen ungefähr parallel zu den Seitenlinien.
Diese möglichen Veränderungen sind bei den Technikbeschreibungen immer zu beachten!

Technikschulung

Für die **Länge der Schlagbewegungen** gilt als grobe Regel:
- Bälle über dem Tisch werden hauptsächlich mit dem Handgelenk,
- Bälle über der Grundlinie hauptsächlich mit dem Handgelenk und dem Unterarm,
- Bälle hinter dem Tisch mit dem ganzen Arm, dem Handgelenk und dem Unterarm sowie ausgeprägtem Körpereinsatz gespielt.

Es ist darauf zu achten, dass alle Schläge – mit Ausnahme des Aufschlages – in der Neutralposition des Schlägers beginnen und enden. Je besser das Antizipationsvermögen des Spielers, umso weniger streng muss diese Position eingenommen werden. Vielmehr geht dann der Schläger auf schnellstmöglichem Weg in die Ausholphase des beabsichtigten nächsten Schlages über.
Des Weiteren muss baldmöglichst mit beiden Schlägerseiten gespielt werden. Zu langes und zu regelmäßiges Üben mit nur einer Schlägerseite hat immer negative Auswirkungen auf die Schlägerhaltung und die Neutralposition.
Von Beginn an muss neben der motorischen auch eine observative Aufgabe in Form unregelmäßiger Schläge als Überraschungsmoment in

allen Trainingsübungen enthalten sein. Dadurch sollen die oftmals entscheidenden Fähigkeiten der Wahrnehmung, Reaktion und Antizipation frühzeitig mit ausgebildet werden.
Angriff- und Abwehrspiel sind absolut gleichberechtigt!

Achtung! Die folgenden Technikbeschreibungen stimmen nicht immer mit den Bildreihen überein, da auch die Spitzenspieler eine Individualtechnik besitzen und nicht unbedingt „lehrbuchmäßig" spielen. Im Zweifelsfall ist immer die Textbeschreibung vorzuziehen.
Wichtig ist in erster Linie, dass die „Knotenpunkte" (Hauptmerkmale einer Bewegung) deutlich zu erkennen sind.

Die Autoren danken Herrn Volker Groß vom OSP Rhein-Ruhr in Essen für die Unterstützung bei der Anfertigung der Reihenbilder, sowie Nadine Bollmeier, Ariane Liedmeier, Nadine Sillus und Florian Wagner für ihre geduldige Mitarbeit bei den Fotoaufnahmen.

Vorhand-Topspin (VHT)

	Ausholphase	Schlagphase	Ausschwung
Beine	• Füße schräg zur Grundlinie • Fußspitzen schräg nach vorne in natürlicher Stellung • die Beine sind gebeugt, Körpergewicht mehr auf dem rechten Bein	• ein Abdruck vom rechten Fußballen unterstützt die Rumpfdrehung • beim Balltreffpunkt ist das Körpergewicht gleichmäßig auf beide Beine verteilt	• Verlagerung des Körpergewichtes auf das linke Bein
Rumpf	• der Schultergürtel ist etwas nach hinten gedreht • der Oberkörper ist leicht nach vorne gebeugt • der Rücken bleibt flach (gerade)	• es erfolgt eine Drehbewegung nach links in Hüfte und Rumpf	• aufgrund der Rumpfdrehung sind die Schultern parallel zur Grundlinie
Schlagarm	• der Schläger bewegt sich bis maximal zur Schulterachse nach unten/hinten, in Höhe des Tisches oder ein wenig tiefer fast Streckung des Unterarmes • Ellbogen ist leicht vom Körper entfernt • Schulterlinie, Ober- und Unterarm und Schläger befinden sich in einer schiefen Ebene • Schlägerblattneigung ist abhängig von der Rotation des ankommenden Balles mehr oder weniger geschlossen	• der Schläger wird in schiefer Ebene nach vorne/oben gezogen. Dabei werden Handgelenk und Unterarm vor dem Balltreffpunkt aktiv angewinkelt • Balltreffpunkt in Netzhöhe schräg vor dem Körper	• der Schläger ist vor dem Kopf, die Schlägerspitze zeigt nach oben • der Ellbogen befindet sich etwa in Schulterhöhe

Nach dem Ausschwung wird der Schläger in die Neutralposition zurückgenommen und die Grundstellung eingenommen. Bei frühzeitigem Erkennen des nächsten gegnerischen Schlages wird die Ausgangsstellung für den nächsten eigenen Schlag eingenommen.

Rückhand-Topspin (RHT)

	Ausholphase	Schlagphase	Ausschwung
Beine	• wie Grundstellung	• die Beine werden nur wenig gestreckt	• Körpergewicht etwas mehr auf dem rechten Fuß
Rumpf	• leichte Drehung nach links • rechte Schulter ist nach vorne orientiert	• Schulterdrehung nach rechts	• aufgrund der Rumpfdrehung sind die Schultern parallel zur Grundlinie
Schlagarm	• Schläger wird nach unten in Richtung linker Oberschenkel bis Tischhöhe oder etwas tiefer geführt, Schlägerspitze zeigt nach unten • gleichzeitig wird der Ellbogen etwas nach vorne geschoben • Schlägerblattneigung ist abhängig von der Rotation des ankommenden Balles mehr oder weniger geschlossen	• Unterarm und Schläger werden in schiefer Ebene um den Ellbogen gedreht • Beschleunigung unmittelbar vor dem Schläger-Ball-Treffpunkt mit Handgelenkseinsatz • Balltreffpunkt zwischen Netz- und Tischhöhe	• der Schläger befindet sich vorne rechts, ungefähr in Kopfhöhe, leicht rechts vom Ellbogen

Nach dem Ausschwung wird der Schläger in die Neutralposition zurückgenommen und die Grundstellung eingenommen. Bei frühzeitigem Erkennen des nächsten gegnerischen Schlages wird die Ausgangsstellung für den nächsten eigenen Schlag eingenommen.

Vorhand-Konter

	Ausholphase	Schlagphase	Ausschwung
Beine	• wie in der Grundstellung, jedoch leichte Gewichtsverlagerung auf das rechte Bein	• Gewichtsverlagerung auf das linke Bein	• Gewicht auf dem linken Bein
Rumpf	• rechte Seite wird etwas nach hinten gedreht • linke Schulter vor der rechten Schulter	• rechte Schulter und Hüfte werden nach vorne gedreht	• Schulter und Rumpf stehen parallel zur Grundlinie
Schlagarm	• Unterarm wird etwas zurückgenommen • Schlägerblattneigung leicht geschlossen • Unterkante des Schlägers etwa in Tischhöhe	• Schläger wird gradlinig nach vorne-oben geführt • Balltreffpunkt in aufsteigender Phase in Netzhöhe seitlich vor dem Körper • während der Schlagbewegung verringert sich der Winkel zwischen Ober- und Unterarm • die gesamte Schlagbewegung ist kurz und wird hauptsächlich aus dem Handgelenk und dem Unterarm gespielt	• Schlägerspitze zeigt schräg nach vorne-oben

Nach dem Ausschwung wird der Schläger in die Neutralposition zurückgenommen und die Grundstellung eingenommen. Bei frühzeitigem Erkennen des nächsten gegnerischen Schlages wird die Ausgangsstellung für den nächsten eigenen Schlag eingenommen.

Rückhand-Konter (RHK)

	Ausholphase	Schlagphase	Ausschwung
Beine	• Füße in Grundstellung	• Füße in Grundstellung	• Füße in Grundstellung
Rumpf	• linke Seite wird etwas nach hinten gedreht • rechte Schulter vor der linken Schulter	• Drehbewegung zurück in Ausgangsstellung	• wie in der Ausgangsstellung
Schlagarm	• Unterarm wird zurückgeführt, Handgelenk leicht zum Körper hin angewinkelt • Schlägerblattneigung leicht geschlossen	• Unterarm wird nach vorne geführt und ein wenig um den Ellbogen gedreht, der Winkel zwischen Ober- und Unterarm vergrößert sich • das Handgelenk wird während des Schlages gestreckt • Balltreffpunkt in der aufsteigenden Phase der Flugbahn in Netzhöhe vor dem Körper	• Schlägerspitze zeigt nach vorne • Schläger ist leicht geschlossen

Nach dem Ausschwung wird der Schläger in die Neutralposition zurückgenommen und die Grundstellung eingenommen. Bei frühzeitigem Erkennen des nächsten gegnerischen Schlages wird die Ausgangsstellung für den nächsten eigenen Schlag eingenommen.

Vorhand-Block (VHB)

	Ausholphase	Schlagphase	Ausschwung
Beine	• wie Grundstellung	• wie Grundstellung	• wie Grundstellung
Rumpf	• wie Grundstellung	• wie Grundstellung	• wie Grundstellung
Schlagarm	• der Schläger wird nach vorne in Richtung des erwarteten Ballaufsprunges geführt • die Schlägerblattneigung ist in Abhängigkeit von der Rotation des ankommenden Balles mehr oder weniger stark geschlossen	• beim aktiven Block erfolgt eine Bewegung nach vorne, beim passiven Block keine Bewegung nach vorne • beim Topspin-Block (TB) wird der Schläger mit einer kurzen Bewegung von Handgelenk und Unterarm nach vorne-oben geführt; der Ball wird tangential getroffen. • Balltreffpunkt seitlich vor dem Körper unmittelbar nach dem Aufsprung in der aufsteigenden Phase der Flugbahn • Schlägerblattneigung bleibt stabil	• nur sehr kurzer Ausschwung in der gleichen Bewegungsrichtung

Nach dem Ausschwung wird der Schläger in die Neutralposition zurückgenommen und die Grundstellung eingenommen. Bei frühzeitigem Erkennen des nächsten gegnerischen Schlages wird die Ausgangsstellung für den nächsten eigenen Schlag eingenommen.

Rückhand-Block (RHB)

	Ausholphase	Schlagphase	Ausschwung
Beine	• wie Grundstellung	• wie Grundstellung	• wie Grundstellung
Rumpf	• wie Grundstellung	• wie Grundstellung	• wie Grundstellung
Schlagarm	• Schläger wird nach vorne in Richtung des erwarteten Ballaufsprunges geführt • Schlägerblattneigung ist in Abhängigkeit von der Rotation des ankommenden Balles mehr oder weniger stark geschlossen	• beim aktiven Block erfolgt eine Bewegung nach vorne, beim passiven Block keine Bewegung nach vorne • beim Topspin-Block (TB) wird der Schläger mit einer kurzen Bewegung von Handgelenk und Unterarm nach vorne-oben geführt; der Ball wird tangential getroffen • Balltreffpunkt vor dem Körper unmittelbar nach dem Aufsprung in der aufsteigenden Phase der Flugbahn • Schlägerblattneigung bleibt stabil	• nur sehr kurzer Ausschwung in der gleichen Bewegungsrichtung

Nach dem Ausschwung wird der Schläger in die Neutralposition zurückgenommen und die Grundstellung eingenommen. Bei frühzeitigem Erkennen des nächsten gegnerischen Schlages wird die Ausgangsstellung für den nächsten eigenen Schlag eingenommen.

Vorhand-Schuss (VHS)

	Ausholphase	Schlagphase	Ausschwung
Beine	• Körpergewicht auf dem rechten Bein • rechter Fuß wird zurückgenommen und nach rechts-außen gedreht	• Gewichtsverlagerung auf das linke Bein	• Gewichtsverlagerung auf das linke Bein (bei maximalem Körpereinsatz kann der Schwung mit dem rechten Bein abgefangen werden)
Rumpf	• Rumpfdrehung nach rechts	• Rumpfdrehung nach links	• rechte Schulter ist leicht vorne
Schlagarm	• Unter- und Oberarm werden bis maximal zur Schulterachse zurückgenommen • die Schlägerblattneigung ist in Abhängigkeit von der Rotation des ankommenden Balles mehr oder weniger stark geschlossen	• Balltreffpunkt seitlich vor dem Körper am höchsten Punkt der Flugbahn • während der Schlagbewegung verringert sich der Winkel zwischen Ober- und Unterarm • Schlagbewegung hauptsächlich nach vorne • eine leicht aufwärts oder abwärts gerichtete Bewegung ist abhängig von der Rotation und Flughöhe des ankommenden Balles	• Ausschwung endet ungefähr in Kopfhöhe • Schlägerspitze zeigt nach vorne

Nach dem Ausschwung wird der Schläger in die Neutralposition zurückgenommen und die Grundstellung eingenommen. Bei frühzeitigem Erkennen des nächsten gegnerischen Schlages wird die Ausgangsstellung für den nächsten eigenen Schlag eingenommen.

Vorhand-Schupf (VHSch)

	Ausholphase	Schlagphase	Ausschwung
Beine	• der rechte Fuß wird nach vorne gesetzt	• leichte Gewichtsverlagerung nach vorne	• der rechte Fuß wird wieder zurückgenommen
Rumpf	• der Oberkörper wird leicht nach vorne gebeugt	• der Oberkörper ist leicht nach vorne gebeugt	• die Position des Oberkörpers ist wieder in der Grundstellung
Schlagarm	• der Unterarm wird nach vorne geführt • leichte Anwinkelung des Handgelenkes nach hinten-oben • Schlägerblattneigung geöffnet	• Schläger wird auf schiefer Ebene nach vorne/unten geführt, wobei sich der Winkel im Ellbogen geringfügig vergrößert • aktiver Einsatz des Handgelenks in Bewegungsrichtung • Balltreffpunkt in aufsteigender Phase der Flugbahn	• nur kurzer Ausschwung in gleicher Bewegungsrichtung

Achtung: Lange Bälle in die VH werden nicht geschupft. Diese Beschreibung gilt nur für kurz in die VH geschupfte Bälle!

Nach dem Ausschwung wird der Schläger in die Neutralposition zurückgenommen und die Grundstellung eingenommen. Bei frühzeitigem Erkennen des nächsten gegnerischen Schlages wird die Ausgangsstellung für den nächsten eigenen Schlag eingenommen.

Rückhand-Schupf (RHSch)

	Ausholphase	Schlagphase	Ausschwung
Beine	• der rechte Fuß wird nach vorne gesetzt	• leichte Gewichtsverlagerung nach vorne	• der rechte Fuß wird wieder zurückgenommen
Rumpf	• Oberkörper wird leicht nach vorne gebeugt	• Oberkörper ist leicht nach vorne gebeugt	• die Position des Oberkörpers ist wieder in der Grundstellung
Schlagarm	• Unterarm wird nach vorne geführt • leichte Anwinkelung des Handgelenkes nach hinten/oben • Schläger wird auf schiefer Ebene nach hinten/oben etwas über Netzhöhe geführt • Schlägerblattneigung geöffnet	• Schläger wird auf schiefer Ebene nach vorne/unten geführt, der Arm dabei locker gestreckt • aktiver Einsatz des Handgelenkes in Bewegungsrichtung • Balltreffpunkt in aufsteigender Phase der Flugbahn	• die Schlägerspitze zeigt in Richtung Netz, kurzer Ausschwung in gleicher Bewegungsrichtung

Achtung: Lange Bälle in die RH werden nicht geschupft. Diese Beschreibung gilt nur für kurz in die RH geschupfte Bälle!

Nach dem Ausschwung wird der Schläger in die Neutralposition zurückgenommen und die Grundstellung eingenommen. Bei frühzeitigem Erkennen des nächsten gegnerischen Schlages wird die Ausgangsstellung für den nächsten eigenen Schlag eingenommen.

Vorhand-Abwehr (VHAb)

	Ausholphase	Schlagphase	Ausschwung
Beine	• rechter Fuß wird etwas zurückgenommen, Füße stehen schräg zur Grundlinie • Körpergewicht wird etwas mehr auf das rechte Bein verlagert	• beugen der Beine • im Moment des Ballkontaktes ist das Körpergewicht auf beide Füße verteilt	• Körpergewichtsverlagerung nach vorne links
Rumpf	• Hüfte und Schulter werden nach hinten rechts geöffnet	• leichte Drehung des Rumpfes nach vorne, um die Bewegung zu unterstützen	• die Schultern sind parallel zur Grundlinie
Schlagarm	• Schläger wird seitlich bis über Schulterhöhe angehoben, gleichzeitig wird der Unterarm angewinkelt. • Ellbogen ist nach vorne unten orientiert und leicht vom Körper entfernt • die Schlägerspitze zeigt nach oben/hinten • das Schlägerblatt ist in Abhängigkeit von Rotation und Geschwindigkeit des ankommenden Balles mehr oder weniger geöffnet	• Schläger wird in schiefer Ebene nach vorne/unten geführt • während der Schlagphase vergrößert sich der Winkel zwischen Unter- und Oberarm • Balltreffpunkt in fallender Phase der Flugbahn zwischen Tisch- und Netzhöhe neben dem Körper • beim Balltreffpunkt Handgelenkseinsatz in der gleichen Bewegungsrichtung	• der Arm ist fast gestreckt, die Schlägerspitze ist nach vorne orientiert

Nach dem Ausschwung wird der Schläger in die Neutralposition zurückgenommen und die Grundstellung eingenommen. Bei frühzeitigem Erkennen des nächsten gegnerischen Schlages wird die Ausgangsstellung für den nächsten eigenen Schlag eingenommen.

Rückhand-Abwehr (RHAb)

	Ausholphase	Schlagphase	Ausschwung
Beine	• linker Fuß wird etwas zurückgenommen, Füße stehen schräg zur Grundlinie, die Fußspitze zeigt seitlich nach vorne • Körpergewicht wird etwas mehr auf das linke Bein verlagert	• Beugen der Beine • im Moment des Ballkontaktes ist das Körpergewicht auf beide Füße verteilt	• nach Berührung des Balles erfolgt Körpergewichtsverlagerung nach vorne links
Rumpf	• Hüfte und Schulter werden nach hinten links geöffnet	• leichte Drehung des Rumpfes nach vorne	• die Schultern sind parallel zur Grundlinie
Schlagarm	• der Schläger wird seitlich bis über Schulterhöhe angehoben, der Unterarm wird angewinkelt • Ellbogen ist nach vorne unten orientiert und leicht vom Körper entfernt • Schlägerspitze zeigt nach oben/hinten • das Schlägerblatt ist in Abhängigkeit von Rotation und Geschwindigkeit des ankommenden Balles mehr oder weniger geöffnet	• Schläger wird in schiefer Ebene nach unten/vorne geführt • Balltreffpunkt in fallender Phase der Flugbahn zwischen Tisch- und Netzhöhe neben dem Körper • beim Balltreffpunkt Handgelenkeinsatz in gleicher Richtung wie der Unterarm • während der Schlagphase vergrößert sich der Winkel Unter-/Oberarm	• die Schlägerspitze ist nach vorne orientiert. Der Arm ist fast gestreckt

Nach dem Ausschwung wird der Schläger in die Neutralposition zurückgenommen und die Grundstellung eingenommen. Bei frühzeitigem Erkennen des nächsten gegnerischen Schlages wird die Ausgangsstellung für den nächsten eigenen Schlag eingenommen.

Vorhand-Flip (VHF)

	Ausholphase	Schlagphase	Ausschwung
Beine	• der rechte Fuß wird nach vorne gesetzt		• der rechte Fuß wird wieder in die Grundstellung zurückgenommen
Rumpf	• der Oberkörper wird mehr nach vorne gebeugt	• leichte Gewichtsverlagerung auf das rechte Bein	• zurück in Grundstellung
Schlagarm	• der Schläger wird nach vorne geführt, der Schlagarm wird aber nicht vollständig gestreckt • das Handgelenk wird nach hinten/unten abgewinkelt • das Schlägerblatt wird in Abhängigkeit zur Rotation des ankommenden Balles mehr oder weniger geschlossen • die Schlägerspitze zeigt nach außen	• mit einer aktiven Drehbewegung des Handgelenks wird der Schläger auf schiefer Ebene nach vorne/oben geführt • während der Schlagbewegung verringert sich der Winkel zwischen Unter- und Oberarm • tangentialer Balltreffpunkt in Netzhöhe oder am höchsten Punkt der Flugbahn	• nur kurzer Ausschwung in Bewegungsrichtung

Nach dem Ausschwung wird der Schläger in die Neutralposition zurückgenommen und die Grundstellung eingenommen. Bei frühzeitigem Erkennen des nächsten gegnerischen Schlages wird die Ausgangsstellung für den nächsten eigenen Schlag eingenommen.

Rückhand-Flip (RHF)

	Ausholphase	Schlagphase	Ausschwung
Beine	• der rechte Fuß wird nach vorne gesetzt		
Rumpf	• der Oberkörper wird mehr nach vorne gebeugt		• der Oberkörper kehrt in die Grundstellung zurück
Schlagarm	• der Schläger wird nach vorne geführt, der Schlagarm wird nicht vollständig gestreckt • das Handgelenk wird nach hinten/unten abgewinkelt • das Schlägerblatt wird in Abhängigkeit zur Rotation des ankommenden Balles mehr oder weniger geschlossen • die Schlägerspitze zeigt nach außen	• Schläger wird auf schiefer Ebene nach vorne/oben durch aktive Drehbewegung des Handgelenks geführt • der Unterarm wird um den Ellbogen nach vorne/oben gedreht • tangentialer Balltreffpunkt in Netzhöhe oder am höchsten Punkt der Flugbahn	• möglichst kurzer Ausschwung in Bewegungsrichtung

Nach dem Ausschwung wird der Schläger in die Neutralposition zurückgenommen und die Grundstellung eingenommen. Bei frühzeitigem Erkennen des nächsten gegnerischen Schlages wird die Ausgangsstellung für den nächsten eigenen Schlag eingenommen.

5.4.4 Technik der Beinarbeit

1. Beinarbeitstechniken

Eine gute Beinarbeit ist dadurch gekennzeichnet, dass sie schnell, ökonomisch und vor allem effektiv ist. Dabei muss gewährleistet sein, dass sich der Spieler schnell zum Ball bewegt, um eine optimale Position zu erreichen, damit er einen optimalen Schlag ausführen kann. Sofort nach der Schlagausführung muss er eine flüssige Verbindung zum nächsten ankommenden Ball herstellen. Ein Tischtennisspieler befindet sich nie in einer statischen Phase, er ist zwischen den einzelnen Schlagaktionen immer in Bewegung.

Die klassischen Beinarbeitstechniken müssen als allgemeine Bewegungsmuster verstanden werden, die durch die jeweilige individuelle Ausprägung eines jeden Spielers ihre Anwendung finden. Damit jeder Spieler die individuell beste Beinarbeitstechnik erwerben kann, müssen alle Bewegungsmuster vermittelt werden.

Im Folgenden werden die gängigen Beinarbeitstechniken beschrieben.

1.1. Sidestep / Sidejump

Der Sidestep wird angewandt, um tischnah oder im Abwehrbereich kleinere Distanzen schnell zu überbrücken und ist neben den Ausfallschritten die am häufigsten benutzte Beinarbeitstechnik im Tischtennissport. Beim Sidestep wird zuerst das Bein, welches in Bewegungsrichtung steht, bewegt. Dafür wird dieses entlastet und es erfolgt ein Abdruck von dem der Laufrichtung entfernten Bein. Hat das erste Bein mit dem Fußballen aufgesetzt, wird das andere Bein nachgezogen. Dabei handelt es sich nicht um Anstellschritte, sondern der Abstand zwischen den Füßen sollte während der gesamten Bewegung in etwa gleich bleiben. Es ist darauf zu achten, dass die Sidesteps mit dem Körpergewicht auf den Fußballen seitlich und bodennah ausgeführt werden.

Aufgrund der hohen Geschwindigkeiten und dem damit verbundenen Zeitdruck bekommen Sprungtechniken bei der Bewältigung kurzer Distanzen eine immer größere Bedeutung. Ein seitlicher Sprung, bei dem beide Beine gleichzeitig die Position in die Bewegungsrichtung verändern, wird als Sidejump bezeichnet. Dieser grenzt sich deutlich von den Sidesteps ab, bei denen die Füße klar nacheinander bewegt werden. Beim Sidejump erfolgt die Bewegung der Füße nahezu gleichzeitig.

1.2. Ausfallschritt

Bei einem Ausfallschritt wird nur ein Bein bewegt. Es erfolgt kein Nachstellen des anderen Beins. Bei kurzen Bällen bewegt sich das Bein der Schlagarmseite zum Ball. Das Gewicht wird auf dieses Bein verlagert. Unmittelbar nach der Schlagausführung erfolgt durch einen Abdruck des belasteten Beines die Rückwärtsbewegung in die Ausgangsstellung. Bei kleineren Distanzen zur Seite, bei denen ein Sidestep nicht notwendig oder möglich ist, erfolgt ein Ausfallschritt zur Seite. Auch hier muss unmittelbar nach dem Schlag wieder die Rückwärtsbewegung erfolgen. Aus Zeitgründen ist es nach einem Ausfallschritt nach vorne in die netznahe Zone häufig nicht mehr möglich, die Rückwärtsbewegung zu vollziehen. Deswegen sollten Sprünge oder Sprung-Schritt-Kombinationen verwendet werden, um nach einem Ausfallschritt wieder schnell in die Ausgangsposition zurück zu kommen.

1.3. Kreuzschritt
Die Technik dient zur Überwindung weiter Distanzen und ist durch ein Überkreuzen beider Füße gekennzeichnet. Es wird zuerst das der Laufrichtung entfernte Bein bewegt. Bei einem Kreuzschritt nach rechts überkreuzt also zuerst das linke das rechte Bein. Dies ist ein großer raumgreifender Schritt. Mit dem Aufsetzen dieses Beines wird meist der Schlag ausgeführt. Das rechte Bein überkreuzt dann seinerseits wiederum hinter dem linken Bein und schließt mit einem kurzen seitlichen Schritt die Bewegung ab. Mit diesem Einstemmschritt stellt der Spieler den Übergang zur nächsten Schlagaktion her. Die Rückbewegung (das Auflösen) erfolgt durch Sidejumps, um schnell wieder eine mittlere Tischposition zu erreichen.

1.4. Umspringen / Umlaufen

Um aus der Rückhandseite mit der VH spielen zu können, benutzt besonders der vorhandorientierte Spieler das Umspringen. Dabei springt der Spieler bei einem fast gleichzeitigen Abdruck von beiden Füßen in eine seitliche Position neben den Tisch hinter die Grundlinie. Durch eine Drehung der Hüfte nach rechts wird das rechte Bein zurückgenommen und das linke nach vorne und neben die Seitenlinie des Tisches gestellt. Dadurch nimmt der Spieler eine seitlich geöffnete Position zur Grundlinie ein, um aggressiv mit der VH eröffnen oder einen Endschlag zum Punktgewinn ausführen zu können. Dieser wird durch eine Gewichtsverlagerung nach vorne unterstützt.

1.5. Laufschritte

In Notsituationen muss ein Spieler jedes Spielsystems möglichst schnell weite Distanzen überbrücken. Dabei ist zu beachten, dass die ersten Schritte groß und raumgreifend sind und dann zur genauen Feinabstimmung und Positionierung zum Ball immer kleiner werden.

1.6. Kombinierte und abgewandelte Beinarbeitstechniken in der Anwendung

Die beschriebenen Beinarbeitstechniken sind nicht isoliert zu betrachten, sondern finden in Kombinationen Anwendung in der Praxis.

In der tischnahen Zone bewegt sich der Spieler mit kleinen seitlichen Schritten und Sprüngen fort. Dabei benutzt er Kombinationen aus Ausfallschritten, Sidesteps und Sidejumps. Um kurze Bälle zu erreichen, verwendet der Sportler einen Ausfallschritt. Reicht dieser alleine nicht aus, d.h. er muss auch noch eine seitliche Distanz überbrücken, dann werden Sidesteps, Sidejumps oder Sprünge vorangestellt. Die Rückbewegung erfolgt durch kleine Sprünge. Bei den Chinesen ist in der Kurz/Kurz-Situation noch ein Auftaktschritt zu beobachten.

Mittlere und weite seitliche Distanzen werden mit großräumigen Sidesteps und Sidejumps ausgeführt. Einige Spieler wenden in dieser Situation auch schon den Kreuzschritt an.

Muss der Spieler weite Distanzen seitlich zurücklegen, beispielsweise nach dem Umspringen, benutzt er in der Regel einen Kreuzschritt, um unter enormen Zeitdruck einen Ball in der VH zu erreichen. Reicht der Kreuzschritt nicht aus, wird vorher ein Sidestep oder Sidejump vollzogen. Für den Rückweg aus der VH wird dann der Sidestep oder Sidejump verwendet. Bei Spielern, die den Kreuzschritt nicht so häufig anwenden, ist zu beobachten, dass sie auch für weite Distanzen den Sidestep einsetzten. Zum Teil schließen sie noch einen Ausfallschritt an. Diese Schrittkombinationen sind allerdings zeitaufwändiger und führen häufig nicht zur optimalen Stellung zum Ball.

Für Vor-Rückwärtsbewegungen über größere Distanzen benutzt ein Abwehrspieler Kombinationen aus Lauf- und Ausfallschritten. Allerdings sind auch gerade bei weiten schrägen Bewegungen besonders im asiatischen Bereich Kreuzschritte kombiniert mit Ausfallschritten zu beobachten. In der Halbdistanz finden eher Sprünge und Ausfallschritte Anwendung.

Thesen zur Bedeutung der Beinarbeit

Um einen Ball erreichen und optimal spielen zu können, spielen viele Faktoren eine Rolle. Sowohl die Beinarbeit als auch die einzelnen Schläge dürfen dabei nicht isoliert betrachtet werden. Beim Tischtennis handelt es sich immer um Ganzkörperbewegungen. Jede Aktion beginnt durch einen Impuls der Beine. Deswegen bestimmt die Qualität der

Beinarbeit auch die Qualität des Endproduktes, des Schlages. Je effektiver die Beinarbeit ist, desto schneller und besser kann sich der Spieler zum Ball positionieren, um einen optimalen Schlag auszuführen.
Deshalb muss mit dem Training der Beinarbeit und den damit verbundenen leistungsbestimmenden Faktoren bereits im Anfängerbereich begonnen werden.

Thesen zur Bedeutung der Koordination für die Beinarbeit
Im Folgenden werden Thesen aufgestellt und daraus Schlussfolgerungen für das Training der Beinarbeit gezogen. Anhand dieser Thesen soll die Wichtigkeit der koordinativen Fähigkeiten für eine effektive Beinarbeit verdeutlicht werden.

These 1:

> **Beinarbeit ist nötig,** um ständig, in jeder Situation, die besten Schläge spielen zu können.
> **Deshalb:** Beinarbeit immer in Verbindung mit den Schlagtechniken trainieren!

Schlagtechniken und Beinarbeitstechniken sind immer im Zusammenhang zu betrachten. Beim Tischtennis wird jeder Schlag mit dem gesamten Körper gespielt, weswegen von einer Ganzkörperbewegung gesprochen wird. Deswegen kann das Endprodukt, der Schlag, nur so gut sein, wie der schwächste Teil des komplexen Handlungsablaufs (vgl. SCHIMMELPFENNIG / KRÄMER 2003, S. 42).
Die Qualität des gespielten Balles hängt von der Fähigkeit ab, die Beinbewegung mit der ausführenden Schlagbewegung optimal zu koppeln. Deswegen ist jede Beinarbeits- oder Schlagtechnik im Tischtennis nicht isoliert zu betrachten, sondern immer in Verbindung mit der Schlagbewegung bzw. Beinarbeit zu trainieren.

These 2:

> **Beinarbeit ist nötig,** um ständig, in jeder Situation, eine optimale Poistion zum Ball einzunehmen, um den Ball präzise spielen zu können.
> **Deshalb:** Jegliche Art des Technikerwerbs immer aus der Bewegung heraus trainieren!

Um diese Voraussetzung zu erfüllen, braucht der Spieler die Differenzierungsfähigkeit. Der Bewegungsablauf wird aufgrund von Rückmeldungen des Bewegungsapparates beurteilt und angemessen dosiert. Damit bestimmt die Differenzierungsfähigkeit die Qualität des gespielten Balles in Bezug auf Geschwindigkeit, Platzierung, Flughöhe, Rotation, Tempo, und ist damit unabdingbar für das Ballgefühl.

Im Bezug auf diese These spielt besonders die Beindifferenzierung eine Rolle. Denn im Tischtennis gibt es keine statischen Situationen, die Spieler befinden sich ständig in Bewegung. Dabei muss der Spieler bei jedem Ball in der Lage sein, durch Feinabstimmung der Beinbewegungen sich so zum Ball zu positionieren, dass er den Ball bei jeder Schlagtechnik im optimalen Abstand zum Körper treffen kann. Infolgedessen muss jede Übung, jeder Ballwechsel immer aus der Bewegung heraus gespielt werden.

These 3:

> **Beinarbeit ist nötig,** um den Körperschwerpunkt zu stabilisieren und in jeder Situation die Balance zu halten.
> ***Deshalb:*** Beinarbeitstechniken müssen in Kombinationen, spiel- und wettkampfnah und mit schnellen Richtungswechseln trainiert werden!

Der Körperschwerpunkt liegt immer vorne zwischen den Beinen, um die Balance zu halten, und damit optimale Bedingungen für die weiteren Bewegungsausführungen zu schaffen. Optimalerweise sollte der Spieler in der Lage sein, sein Gleichgewicht auch während der maximal schnell und explosiv ausgeführten Bewegungen ständig zu behalten, und die Balance auch beim Abfangen der Bewegung nicht zu verlieren. Doch während eines Tischtennisspiels wird der Spieler ständig mit „unvorhergesehenen" Situationen konfrontiert, die er bewältigen muss. Die Qualität der Beinarbeit spiegelt sich darin wieder, in dieser „Notsituation" noch die Körperstabilität und Balance zu erhalten. Dabei ist besonders die Stabilität des Oberkörpers zu beachten. Deswegen müssen diese Situationen im Training geschaffen werden. Was nützt es einem Spieler, in regelmäßigen Übungen in der Lage zu sein, seinen Körperschwerpunkt stabil zu halten, wenn er dies in unvorhergesehenen Wettkampfsituationen nicht realisieren kann?

These 4:

> **Beinarbeit ist nötig,** um die Antwort auf die gegnerische Aktion einzuleiten.
> ***Deshalb:*** Beinarbeit muss mit Wahrnehmungs- und Antizipationstraining gekoppelt sein!

Die Reaktionsfähigkeit ist die Fähigkeit, auf einen Reiz situationsgerecht zu reagieren (vgl. DTTB TISCHTENNIS LEHRPLAN 2000, S. 68).
Bei den hohen Geschwindigkeiten ist es nicht mehr möglich zu reagieren, wenn der Ball den gegnerischen Schläger verlässt. Der Spieler benötigt eine gute Reaktionsfähigkeit für die Beinarbeit, um auf die wahrgenommenen Signale und antizipierten Situationen schnellstmöglich zu reagieren (vgl. SCHULTE-KELLINGHAUS 2001, S. 8 ff.).

These 5:

> **Beinarbeit ist nötig,** um nach jedem ausgeführten Schlag die Neupositionierung zum Ball einzuleiten und zu vollziehen.
> ***Deshalb:*** Beinarbeit in Übungen anderer Trainingschwerpunkte einbeziehen und mit ihnen verbinden!

Nach jedem Schlag muss sich der Spieler orientieren und seine Ausgangssitutaion einnehmen. Denn durch die Position am Tisch lassen sich Rückschlüsse auf die nächste Aktion des Gegners ableiten.

These 6:

> **Beinarbeit ist nötig,** um sich jeder Spielsituation anzupassen und für jegliche unvorhersehbare Situationen unter Zeitdruck noch die passende Lösung zu finden.
> ***Deshalb:*** Beinarbeit muss mit Variationen in halbregelmäßigen und unregelmäßigen Übungen trainiert werden!

Der Spieler muss unter enormem Zeitdruck neue Lösungsmöglichkeiten für unerwartete Situationen finden (Finten, Netz- und Kantenbälle), deren Durchführung durch die Beinarbeit eingeleitet wird. Dies ist nur in Spielsituationen mit offenem Charakter zu trainieren, ansonsten beherrschen die Spieler zwar ihre automatisierten Spielsituationen, sind aber im Wettkampf völlig überfordert.

These 7:

> **Beinarbeit ist nötig,** um in jeder Spielsituation den komplexen und offenen Handlungsrahmen zu bewältigen.
> **Deshalb:** Beinarbeit muss zwar einen gewissen „inneren" Rhythmus beinhalten, aber arhythmisch trainiert werden!

Übungen müssen rechtzeitig arhytmisch und unregelmäßig konzipiert werden, damit der Spieler in der Lage ist, seine Schläge zu variieren und den Rhythmus zu wechseln.

Spezifischer Trainingsaufbau zur Verbesserung der Beinarbeit in den Förderstufen

> **Zielsetzung im Grundlagentraining (Förderstufe I)**
> - Verbesserung der Grundstellung, Sidestep, Ausfallschritt
> - Erlernen der Vor- und Zurück-Bewegung
> - VH-orientiertes Spielen mit Umspringen in der RH-Ecke
> - Gewichtsverlagerung über die Körperrotation
> - Laufschritte und Sprünge ins Training einbeziehen
> - Kreuzschritt im Schattentraining
> - Einfache Verbindungen der Beinarbeitstechniken
> - Alles wird aus der Bewegung gespielt!
> - Alle Schlagtechniken in Verbindung mit der Beinarbeit trainieren

Verhältnis regelmäßige zu unregelmäßigen Übungen
Um einen Bewegungsablauf zu erlernen oder ihn zu festigen und die komplexe Bewegung in Zusammenhang mit der Armbewegung ausführen zu können, muss bei den Kindern eine Bewegungsvorstellung und -erfahrung entwickelt werden. Hier lautet der Leitsatz, vom Einfachen zum Schweren.
Bei Beinarbeitstechniken in der Verbindung von der VH zur RH ist zunächst der Zeitfaktor das Schwierigste für die Kinder. Hier müssen nicht nur die Beinarbeitsbewegung in Verbindung mit einer Schlagtechnik,

sondern in Verbindung mit unterschiedlichen Schlagtechniken ausgeführt werden. Deswegen ist in diesen Übungen der regelmäßige Anteil höher.

Aber: Im Grundlagentraining muss auch unregelmäßig trainiert werden!

Regelmäßige Übungen spiegeln nicht den Spielcharakter des Tischtennissports wieder und vernachlässigen vollkommen die Wahrnehmungsschulung. Lediglich zur Technikschulung gewinnen regelmäßige Übungen an Bedeutung, vor allem beim Balleimertraining.

Deswegen:
Um spielnah zu trainieren, müssen in die Übungsformen Variationen eingebaut werden. Sind die gewünschten Bewegungsabläufe bei den Kindern in Grobform vorhanden, sollen sie lernen, diese auch verschiedenen Spielsituationen anzupassen. Auch hier ist vom Einfachen zum Komplexen vorzugehen, d.h. dass erst eine Variation zugelassen wird und die Komplexität der Übung im Verlauf des Trainings gesteigert wird.
Auch das freie Spiel darf im Grundlagentraining nicht zu kurz kommen!
Welche Übungsform für das Beinarbeitstraining benutzt wird, ist ganz bewusst zu wählen. Der entscheidende Faktor ist, dass der Spieler lernen muss zu sehen, wohin er sich bewegen muss und welches dafür die geeignete Technik ist. Dieses Training muss bereits im Grundlagentraining durchgeführt werden.

Verbesserung der Grundstellung, Sidestep, Ausfallschritt

Grundstellung
Bei der Grundstellung ist darauf zu achten, dass die Kinder ihren Körperschwerpunkt tief halten, das Gewicht zwischen den Füßen ist und das Körpergewicht auf den Fußballen liegt.

Sidestep
Sidesteps werden im Grundlagentraining in Verbindung mit den Schlagtechniken geschult, wobei es zu einer Optimierung kommen sollte. Für die Kinder stellt der Sidestep die Hauptbewegungsform dar. Dabei muss darauf geachtet werden, dass die Kinder nach dem Sidestep nicht auf einem Bein stehen bleiben, sondern durch Übungsverbindungen auch die Rückbewegung geschult wird. Hier sollte besonders mit halbregelmäßigen Übungen gearbeitet werden oder mit unregelmäßigen, um die

Hauptbewegungsart an das freie Spiel anzupassen.

Exemplarisches Beispiel:
A: B 1x in Mitte, 1–3x B in außen VH
B: jeweils VHT in ganze VH
Dieses Beispiel verdeutlicht, dass eine einfache Übung mit dem Zusatz, dass der Blockspieler die Variante hat 1, 2 oder 3 Mal in die VH zu blocken einen unregelmäßigen Charakter bekommt, bei dem die Wahrnehmung und die Differenzierung der Beinbewegung geschult wird.

Ausfallschritt:
Der Ausfallschritt wird mit vielen Übungen geschult, bei denen auf den Ellbogen platziert wird. Bei den Übungen ist darauf zu achten, dass es zu keinen statischen Phasen kommt, sondern dass die Spieler ständig in Bewegung sind. Beim Ausfallschritt ist frühzeitig auf die Gewichtsverlagerung durch die Körperrotation zu achten. Diese wird bei Kindern wegen der kurzen Distanzen, bei denen sie den Ausfallschritt verwenden, häufig mangelhaft ausgeführt.

Erlernen Vor und Zurück
Bein Erlernen der Vor- und Zurück-Bewegung ist es wichtig, dass die Kinder bei der Bewegung nach vorne ihr gesamtes Körpergewicht auf den vorderen Fuß bringen, da sie durch ihre Größe ansonsten den Ball in der netznahen Zone schwer erreichen. Allerdings stellt die nun folgende Rückbewegung für die Kinder ein Problem dar. Dies sollte erst einmal im Schattentraining am Tisch trainiert werden. Es ist wichtig, dass bei den Spielern eine Bewegungsvorstellung entsteht. Die Schwierigkeit stellt hier die Vorwärtsbewegung mit der gleichzeitigen Streckung des Armes nach vorne dar. Hier sind Vorübungen sinnvoll, die diese Bewegung simulieren.

Beispiel:
Verschiedene Schüsseln stehen in der netznahen Position. Spieler sollen, immer aus der Grundstellung heraus, Bälle in die vom Trainer genannte Schüssel legen, danach ganz schnell die Rückbewegung einleiten und die Grundlinie mit der Hand berühren.
Zum Teil ist es für die Spieler auch eine Erleichterung, die Bewegung nach vorne mit einem Auftaktschritt durchzuführen, um so die netznahe Zone zu erreichen.
Nach diesen Vorübungen sollte zuerst regelmäßig trainiert werden und dann aus den schon erwähnten Wahrnehmungsgründen Varianten zugelassen werden.

Umspringen

Das Training muss so aufgebaut werden, dass früh VH-orientiert gespielt wird, d.h. dass aus der Mitte vermehrt mit der VH agiert wird, weswegen das Umlaufen/Umspringen immer wichtiger wird. Deswegen wird diese Beinarbeitstechnik bereits im Grundlagentraining geschult, um das VH-orientierte Spiel zu unterstützen. Beim Training dieser Beinarbeitstechnik sollte nicht mit regelmäßigen Übungen gearbeitet werden. Es ist sinnvoller, wenn die Spieler lernen, dann umzuspringen, wenn es die Spielsituation erlaubt und nicht, wenn es die Übung vorgibt!

Schnelligkeitstraining

Um die im allgemeinen Schnelligkeitstraining erlernten azyklischen Bewegungsmuster mit der spezifischen Beinarbeitstechnik zu verbinden, wird ein Schnelligkeitstraining am Tisch erforderlich und sollte 2–3x pro Woche durchgeführt werden.

Beispiel:
Kinder stehen in der Grundstellung, Tappings, auf Signal Sidesteps in die VH und zurück
Tappings in extrem tiefer Stellung ausführen, auf Signal Sidesteps in die VH und zurück
Tappings, Ausfallschritt nach vorne zur kurzen VH und zurück in Grundstellung.
Die Belastungen sollten immer 6–8 Sekunden betragen, bei Pausen von ca. 30 Sekunden, dies als Serie ca. 4–6 mal.

Allgemeine Trainingsprinzipien für das Training der Beinarbeit im Grundlagentraining (Förderstufe I)

- Das allgemeinsportliche Training der Beinarbeit nimmt einen großen Teil des Trainings ein.
- Es müssen Bewegungsvorstellungen im Schattentraining geschaffen werden, damit die Beinarbeitstechniken unter Zeitdruck am Tisch spielbar sind.
- Neu zu erlernende Beinarbeitstechniken zuerst in regelmäßigen Übungen schulen, aber nach dem Beherrschen der Grobform bereits Variationen zulassen.
- Alle Übungsformen, auch das Einspielen(!) im Grundlagentraining immer aus der Bewegung heraus spielen, weswegen das Beinarbeitstraining in jeder Trainingseinheit geschult wird.
- Jede neu erlernte Schlagtechnik muss in Verbindung mit der Beinarbeit geschult werden.
- Koordinations- und Wahrnehmungsschulung sollte in keiner Trainingseinheit fehlen.
- Kinder nicht überfordern, sondern „immer da abholen, wo sie gerade leistungsmäßig stehen"

> **Zielsetzung für das Training in den Förderstufen II – IV**
> - Verbesserung und Verfeinerung der Beinarbeitstechniken aus dem Grundlagentraining
> - Vorwärts- und Rückwärts-Bewegung gezielt verbessern
> - Vermehrtes Einsetzen von Umlaufen/Umspringen
> - Erlernen des Kreuzschrittes in der Praxis
> - Sprünge als Beinarbeitstechnik einsetzen
> - Flüssige Verbindung der Beinarbeitstechnik beim Wechsel VH zu RH
> - Beinarbeitskombinationen bewusst schulen

Verbesserung und Verfeinerung der Beinarbeitstechniken aus dem Grundlagentraining
Verbesserung meint, die Techniken variabel einsetzen zu können, d.h. die bereits erlernten Techniken in der Anwendung in immer komplexer werdenden Situationen zu schulen, was bedeutet, immer mehr Variationen bis zu unregelmäßigen Übungen zu spielen.

Vermehrtes Einsetzen des Umlaufens
Das Umlaufen/Umspringen soll ganz bewusst vermehrt trainiert werden, um das VH-orientierte Spiel weiter zu forcieren. Beim Umspringen spielt die Wahrnehmungsleistung eine starke Rolle. Deswegen müssen die Übungen so gestaltet werden, dass der Spieler selbst entscheidet, welchen Ball er umläuft, z.B. 2–4 mal Block in RH. Dabei muss in dieser Phase der Entwicklung von den Spielern erkannt werden, dass ein Ball, der zu weit in Außen-RH gespielt wird, nicht umlaufen werden sollte. Ein weiteres Ziel des Aufbautrainings ist, dass das explosive Umspringen aus dem Umlaufen entwickelt wird, um dem Gegner keine Möglichkeit zu geben, dies zu erkennen und darauf zu reagieren. Mit dem Umspringen muss geschult werden, dass der nächste Ball ein Endschlag sein muss, denn ansonsten gerät der gerade umgesprungene Spieler stark in Bedrängnis. Die Übungen sollten so aufgebaut sein, dass das Umspringen nach einem in die VH des Partners gespielten Ball geschehen sollte, denn dann ist der Winkel für einen extrem nach außen platzierten Ball nicht gegeben.

Vorwärts-Rückwärts-Bewegung gezielt verbessern
Bei der Rückbewegung aus der netznahen Zone sollte spätestens im Aufbautraining der Sprung eingesetzt werden, da ein Zurücksetzen des Beines der Schnelligkeit des gespielten Balles nicht mehr gerecht wird. Diese Vorwärts-Rückwärts-Bewegung ist aber nicht nur für die Bewegung in die netznahe Zone wichtig und zu schulen, sondern ebenfalls

um bei Distanzveränderungen eine optimale Position zum Ball einzunehmen. Dies bedeutet, dass Übungen gespielt werden müssen, in denen die Spieler beispielsweise in der Nachspielsituation den Schritt zum Ball machen und nicht darauf warten, dass der Ball in den Schläger fällt. Dasselbe gilt auf passiv gespielte Bälle oder in der Topspin-Topspin Situation.

Sprünge als Beinarbeitstechnik einsetzen
Um gerade bei halbregelmäßigen oder unregelmäßigen Übungen die kurzen seitlichen Distanzen zu überbrücken, sollen Sprünge und Sidejumps als Beinarbeitstechnik eingesetzt werden. Durch das zunehmende dynamische Spiel und die zunehmende Kraft, die aus dem Fuß entwickelt werden kann, wenden die Spieler zunehmend Sprünge als Beinarbeitstechnik an. Hinzu kommt der wachsende Zeitdruck bei den unregelmäßigen Übungen.

Flüssige Verbindungen beim Wechsel VH zu RH und von RH zu VH
Um dies zu trainieren, sollten Übungen gewählt werden, die mit ca. 70% des Tempos gespielt werden, um sich ganz bewusst auf die Techniken der Beine zu konzentrieren und so die wichtige Schlagverbindung herzustellen.

Verhältnis regelmäßig zu unregelmäßig
Im Aufbautraining wird die unregelmäßige Schulung immer wichtiger. Die gelernten Bewegungsmuster und -techniken müssen nun spiel- und wettkampfnah trainiert werden. Nach dem Technikerwerb muss das Gelernte in der Anwendung geschult und den Bedürfnissen des freien Spiels angepasst werden, damit es zu einem variablen Spielerwerb kommt.

Deswegen: Der Anteil der regelmäßigen Übungen nimmt mit der Sicherheit der Schlag- und Beinarbeitstechniken ab!

Allgemeine Trainingsprinzipien für das Training der Beinarbeit in den Förderstufen II–IV
- Mit zunehmender Bewegungssicherheit nimmt die Komplexität der Übungen zu.
- Um einen optimalen Trainingeffekt zu erzielen, sollten die Übungen zum Teil mit ca. 70% Tempo gespielt werden.
- Die individuelle Spielweise der Trainierenden ist an die Beinarbeit anzupassen.
- Sprünge werden häufig als Beinarbeitstechnik eingesetzt.
- Es wird absolut VH-orientiert gespielt, weswegen das Umspringen von großer Bedeutung ist.
- Die Vorwärts-Rückwarts-Bewegung bei Veränderung der Distanzen muss verbessert werden.
- Anteil der regelmäßigen Übungen nimmt ganz deutlich mit der Sicherheit der Schlag- und Beinarbeitstechniken ab.

Zielsetzung im Anschlusstraining Förderstufe IV
- Erarbeitung der Beinarbeitstechniken in der Feinform
- Schlagvariationen in Verbindung mit verschiedenen Beinarbeitsformen schulen
- Individuelle Schulung der Beinarbeit bezogen auf das Spielsystem
- Variable Verbindung der Schlagtechniken mit der Beinarbeit
- Fertigkeitsqualität um zunehmende Bewegungsspezifik verbessern
- Verbesserte Beinarbeit durch verbesserte Wahrnehmungsfähigkeiten

Erarbeitung der Beinarbeitstechniken in der Feinform
Das Training wird immer komplexer. Es sollte vermehrt auf die Körperrotation geachtet werden und auf einen ganz präzisen Balltreffpunkt. Die Beinarbeitstechniken müssen dahingehend geschult werden, dass beim Balltreffpunkt eine maximale Beschleunigung möglich ist.

Schlagvariationen in Verbindung mit verschiedenen Beinarbeitsformen schulen
Mit zunehmender Variabilität der Schläge in Bezug auf Rotation, Tempo, Platzierung und Balltreffpunkt müssen die Beinarbeitstechniken sämtlichen Variationen angepasst werden. Es gibt in dieser Phase keine reinen regelmäßigen Übungen mehr, weil diese den Anforderungen nicht mehr gerecht werden.

Individuelle Schulung der Beinarbeit bezogen auf das Spielsystem
Die individuelle Trainingsgestaltung rückt in den Vordergrund. Die Beinarbeit muss an das Spielsystem des jeweiligen Spielers angepasst werden.

Variabilität der Spieler
Die Spielfähigkeit und die Variabilität der Spieler steht ganz klar im Vordergrund, d.h. es muss die Basis für ein individuell variables Spielsystem geschaffen werden. Des Weiteren ist die Förderstufe IV von der Spezialisierung geprägt, was bedeutet, dass viele Formen, auch die des Schnellkraft- und Schnelligkeitstrainings, nun in spezieller Form trainiert werden müssen.

Allgemeine Trainingsprinzipien für das Training der Beinarbeit im Aufbautraining
- Spezifisches Training hat klares Übergewicht zur allgemeinen Ausbildung.
- Der Trainingplan muss individuell gestaltet sein.
- Basis für größtmögliche Variabilität der Spieler schaffen.
- Auf hohe Fertigkeitsqualität in der Bewegungsausführung achten.
- Sämtliche Schlag- und Beinarbeitstechniken sollen in der Feinform stabilisiert werden.
- Es gibt keine rein regelmäßigen Übungen mehr!
- Spezifische Schulung der konditionellen Fähigkeiten.
- Balleimertraining ist unabdingbar.

5.5 Taktik

5.5.1 Definition

Unter Taktik versteht man sowohl die während des Wettkampfes getroffenen Entscheidungen, die unmittelbar das Wettkampfgeschehen beeinflussen, als auch die längerfristigen strategischen Überlegungen (Wiss. Beirat der TA Köln).
Im Tischtennis wird in verschiedenen Zusammenhängen von Taktik gesprochen: der Taktik in einer entsprechenden Situation, der Taktik für einen Satz oder einen Wettkampf oder aber auch von der Grundtaktik oder dem Spielsystem des Spielers. Die kleinste Einheit ist dabei die auf den Ball bezogene Situationstaktik. Diese wird bestimmt durch die taktischen Grundelemente Platzierung, Tempo, Rotation und Flughöhe (PTRF-Effekte) (GROSS 1987). Die Summe der Schläge in einem Spiel und ihre Relationen bestimmen die Taktik für dieses Spiel, alle Spiele

PTRF-Effekte

zusammen bilden die Grundtaktik oder das Spielsystem des Spielers. Das heißt, dass sich alle Taktikbegriffe auf die kleinste Einheit – die Entscheidung zum einzelnen Ball – zurückführen lassen (Situationstaktik); allerdings dienen die Begriffe wie Spielsystem, Taktiken gegen Spielsysteme etc. der wichtigen Systematisierung und Einordnung der Details in einen Zusammenhang und ermöglichen somit Verallgemeinerungen und damit Entwicklungen des Wahrscheinlichkeitsverhaltens.

5.5.2 Bedeutung von Taktik

Pro Satz führt bei ungefähr 20 Punkten mit im Schnitt vier Ballkontakten jeder Spieler ca. 40 Schläge aus. 40 mal eine taktische Handlung mit den Fragen wie, wohin, welcher Schlag. Bei einem 5-Satz-Spiel beträgt die Anzahl der taktischen Handlungen damit ungefähr 200. Bereits das Vorhandensein von zwei motorischen Lösungsmustern erfordert eine taktische Entscheidung. Aber auch bereits eine einzige technische Handlung wird nicht um ihrer selbst willen gelernt. HARRE fordert, dass ein Sportler Aufgaben erst dann motorisch lösen soll, wenn er diese theoretisch verstanden und gedanklich verarbeitet hat. Dabei sollte das Training immer in Bezug zur taktischen Ausbildung eines Spielers stehen und die Planung der taktischen Ausbildung auch in der Periodisierung entsprechend berücksichtigt werden. Taktische Ausbildung mit Kindern ist im Tischtennis immer technikbezogen: so muss ein Vorhand-Topspin (VHT) platziert gespielt werden können, mit variabler Rotation, Tempo und Flughöhe. Diese technischen Fertigkeiten werden dann vom Trainer unter Einbeziehung der Spieler in das individuelle Spielsystem eingebaut. Dabei sollen die Spieler selber die Bedeutung taktischer Spielzüge etc. – auch in Theorieeinheiten – erfahren.

Zusammenhang Technik-Taktik

Voraussetzungen für taktisches Handeln

Im Bereich Strategie und Taktik werden zahlreiche unterschiedlichste Anforderungen an den Athleten gestellt. Voraussetzungen zu ihrer Bewältigung sind kognitive Fähigkeiten, operatives Denken, Wahrnehmung und Antizipation.

• *Kognitive Fähigkeiten*
Kognitive Fähigkeiten charakterisieren das Niveau und die Qualität der Denkprozesse. Sie ermöglichen, im Handeln die Situation und die Problemlage rasch und richtig zu erfassen, wesentliche Bedingungen in ihren Zusammenhängen zu erkennen, bekannte Lösungswege sinnvoll anzuwenden und bei Bedarf neue Handlungsstrategien zu entwickeln. In der sportlichen Tätigkeit sind taktische Verhaltensweisen sehr eng mit diesen Leistungsvoraussetzungen verbunden (THIESS, SCHNABEL).

Problemlösung

- *Operatives Denken*

Der Sportler muss zunächst Situationen analysieren und dann Lösungsmöglichkeiten finden. Dazu werden die zur Verfügung stehenden Informationen strukturiert und gewichtet. Daraufhin erfolgt eine Auswahl aus den Handlungsmöglichkeiten bis zur Entscheidung für eine bestimmte Handlung.

Strukturiertes Denken

- *Wahrnehmung*

Die optische, akustische, taktile und kinästhetische Wahrnehmung ist Grundvoraussetzung für die Situationsanalyse. Genaue Beobachtung schon vor dem Ballkontakt mit dem gegnerischen Schläger ist zudem Voraussetzung für die unverzichtbare Antizipation. Für die Wahrnehmung ist die Aufmerksamkeit als zielgerichtete, bewusste und intensive Wahrnehmung entscheidend. Dazu kommt die Umstellungsfähigkeit, d.h., sich in einer Situation auf wechselnde Bedeutung der Faktoren für eine Handlung einstellen zu können.

Aufmerksamkeitsschulung

- *Antizipation*

Die Antizipationsfähigkeit, bei der eine Bewertung von Eigen- und Fremdbewegungen für den weiteren Bewegungsablauf vorgenommen wird, ist besonders unter Zeitdruck Voraussetzung für situationsangemessenes Entscheiden und Handeln. Man unterscheidet Erfahrungs- und Wahrnehmungsantizipation.

Unter Wahrnehmungsantizipation versteht man die Fähigkeit, aufgrund aufgenommener Signale bereits sehr früh zu erkennen, welche gegnerische Handlung folgen wird. Die Bewegung des Gegners wird so vorweggenommen („antizipiert"). Die Erfahrungsantizipation setzt die aufgenommenen Signale in Bezug zu den taktischen Kenntnissen des Sportlers. Aufgrund seiner Erfahrungen ordnet er die Signale der Wahrscheinlichkeit der Ausführung bestimmter Handlungen zu und kann so sehr früh entscheiden, welche gegnerischen und auch eigenen Handlungen folgen werden.

Bewegungs-Vorwegnahme

Strukturen taktischen Handelns

Eine taktische Handlung läuft in vier Phasen ab, zu denen verschiedene Voraussetzungen nötig sind und vom Sportler erworben werden müssen:
- Wahrnehmung und Analyse der Situation (taktische Kenntnisse);
- gedankliche Lösung (taktische Fähigkeit);
- motorische Lösung (taktisch-technische Fertigkeit);
- Reflexion der Handlung als Voraussetzung der neuen Analyse (taktische Kenntnisse).

Diese Phasen überlappen sich in der konkreten Situation und sind nicht scharf voneinander zu trennen; allerdings hilft dieses Strukturmodell dem Trainer bei einer aktuellen Leistungsanalyse. Damit können die verschiedenen Bereiche teilweise getrennt und damit gezielt trainiert werden.

5.5.3 Taktisches Training

Methodische Prinzipien

Im Training ist stets auf die Einheit von Wissensvermittlung und praktischer Anwendung bzw. von Denken und Erleben zu achten. Dabei müssen auch im Taktiktraining allgemeinmethodische Regeln eingehalten werden. Hierzu gehört, dass in jedem Fall die Aufmerksamkeit auf die taktische Zielsetzung gelenkt wird.

- Die Aneignung, Systematisierung und Festigung strategisch-taktischer Kenntnisse über mögliche und situationsangemessene Handlungs- und Verhaltensalternativen, einschließlich der Kenntnisse der Wettkampfregeln.
- Die Befähigung zur schnellen und genauen Wahrnehmung von Anforderungssituationen.
- Die Fähigkeit zur gedanklichen Auseinandersetzung mit verschiedenen Lösungsvarianten und die Verbesserung der strategisch-taktischen Denkbeweglichkeit in Bezug auf Handlungsentscheidungen und die taktische Handlungsvorbereitung.
- Die Ausprägung der spezifischen Formen strategisch-taktischen Handelns und Verhaltens, wie beispielsweise des Wahrscheinlichkeitsverhaltens und der Situationsantizipation.
- Die Ausbildung und Erweiterung des Situationsgedächtnisses.

Taktisches Grundwissen

Neben den allgemeinmethodischen Grundsätzen (vom Leichten zum Schweren, vom Bekannten zum Unbekannten...) werden zunächst die Techniken unter taktischem Aspekt geschult (PTRF-Effekte). Über Grundformen, Varianten und Kombinationen wird bis zur Wettkampfsimulation trainiert. Dabei sollte die kognitive Ausbildung nicht vergessen werden: Die Spieler sollen taktische Handlungen bewerten können und selbstständig richtige taktische Entscheidungen treffen (z. B.: wohin wird primär gegen Linkshänder gespielt?). Grundlage hierfür ist auch die Beachtung des Prinzips der Selbstständigkeit und der Eigenverantwortung; die Spieler sollen aktiv am Lernprozess mitarbeiten.

Beispiel: Der Rückhand-Topspin (RHT) wird zunächst in der technischen Grundform gelernt. Im ersten taktischen Schritt lernen die Spieler, diese Technik variabel einzusetzen: die Fähigkeit zur Platzierung (z. B. in die Ecken, auf den Ellbogen des Gegners etc.), zur Rotation (viel oder wenig Spin), Tempo (schnell, langsam) und Flughöhe (flach, halbhoch) werden geschult. Dann lernen die Spieler, die Techniken unter taktischen Gesichtspunkten einzusetzen und mit anderen Techniken zu kombinieren (z. B. RHT-S). Dabei werden immer weitere Situationen angeboten, in denen die Spieler selbstständig entscheiden müssen, welche taktische

Variante eingesetzt wird, um optimal zum Punktgewinn kommen zu können.

Da es sich im taktischen Training um das Training kognitiver Prozesse handelt, sollten die Spieler aufnahmebereit und ermüdungsfrei sein.

Inhalte taktischen Trainings

Alle taktischen Entscheidungen äußern sich in ihrer tatsächlichen Wirkung in der Flugbahn des Balles. Diese kann in Bezug auf Platzierung, Tempo, Rotation und Flughöhe (PTRF-Effekte) verändert werden. Neben den tatsächlichen Auswirkungen einer Handlung auf den Ball spielen allerdings auch vorgetäuschte Handlungen, die sich aber nicht auf den Ball auswirken, sowie eine Tarnung (Verdeckung) der tatsächlich wichtigen Handlungen eine nicht unbedeutende Rolle.

Dabei strukturiert sich die taktische Handlung in folgende Punkte:
- Wahrnehmung (sensorischer Abschnitt)
  - Ball (Platzierung, Tempo, Rotation, Flughöhe)
  - eigene Position (Tischentfernung, Stellung in Relation zur Mittellinie, Position des Schlägers, Bewegungsrichtung)
  - Position des Gegners (s.o.)
- Situationsanalyse (diskriminatorischer Abschnitt)
  - Einschätzung der eigenen Möglichkeiten
  - ist eher VH oder RH möglich?
  - welche Techniken auf den anfliegenden Ball kann ich spielen?
  - welche Platzierungen, Rotationsstärken, Tempi und welche Ballhöhen sind jetzt möglich?
  - Einschätzung der gegnerischen Möglichkeiten
  - Stärken und Schwächen des Gegners allgemein und in Abhängigkeit von seiner jetzigen Position
  - Vorausplanen der gegnerischen Antwortmöglichkeit und daraus resultierende eigene Möglichkeiten, gedankliches Durchspielen verschiedener Lösungsmöglichkeiten
- Erstellen eines Handlungsprogramms (kombinatorischer Abschnitt)
  - Entwurf und Entscheidung des konkreten Handlungsplanes
- Umsetzung des Planes und Ergebnisanalyse
  - Durchführung unter operativ-taktischen Denkprozessen

Taktische Kenntnisse, Fähigkeiten und Fertigkeiten

Um wahrgenommene Situationen einordnen, analysieren und Lösungen entwickeln zu können, ist ein theoretisches Wissen über bestimmte Spielkonzeptionen oder Lösungsmöglichkeiten in taktischen Grundsituationen nötig. Ebenso sind taktische Kenntnisse auch Voraussetzung einer zielgerichteten Wahrnehmung.

Kenntnis der eigenen Fähigkeiten

Dem Spieler muss beispielsweise klar sein, welcher Schlag auf welchen anderen überhaupt möglich ist. Er steuert über seine Kenntnisse auch seine Wahrnehmung. Dies könnte nach dem nachstehenden Schema ablaufen. In den ersten drei Ebenen wird der Ball wahrgenommen, in der vierten Ebene werden dann die Lösungsmöglichkeiten für diese Situation mittels der taktischen Kenntnisse bestimmt. Dabei dürfte einleuchtend sein, dass die Verzweigungsmöglichkeiten mit der Abnahme des Niveaus, der Möglichkeiten des Spielers und damit seines Gegners ebenfalls abnehmen. Vorgänge wie genaue Differenzierung der Längen, der seitlichen Platzierungen, Flughöhen oder Rotationen sowohl in den Wahrnehmungsebenen als auch in der Antwortebene sind dabei noch gar nicht eingebunden.

Lösung von Handlungsaufgaben

Ist ein Ball wahrgenommen und bewertet, muss der Spieler eine optimale Lösung der Handlungsaufgabe finden. Hier helfen erlernte Methoden zur besseren und schnelleren Entscheidung: die taktischen Fähigkeiten. Die Umsetzung der Entscheidung in eine effektive Motorik muss erfolgen, bestimmte Technikvariationen werden bewusst ausgeführt. Man spricht hier von den taktischen Fertigkeiten der Spieler.

Entwicklungsstufen taktischer Trainingsprozesse
Taktische Prozesse laufen während der Entwicklung eines Spielers auf unterschiedlichem Niveau ab. Im Laufe der Ausbildung geht es darum, den Spieler an das komplexe Geschehen taktischer Prozesse heranzuführen.

Handeln aufgrund eigener Fähigkeiten
Die Wahrnehmung, Planung und Entscheidung zu einer Handlung läuft nur unter dem Gesichtspunkt der eigenen Fertigkeiten und unter Berücksichtigung der eigenen Position ab. Voraussetzung für diese erste Stufe taktischen Vorgehens ist die Kenntnis der eigenen Fertigkeiten. Zudem benötigt der Spieler Kenntnisse darüber, welche Fertigkeiten auf den wahrgenommenen Ball passen.

Als weitere Voraussetzung für diese einfachste Stufe taktischer Vorgänge muss der Spieler den anfliegenden Ball (Rotation, Platzierung, Geschwindigkeit, Flughöhe) wahrnehmen. Auch hier sind zu Beginn erheblich weniger Aspekte zu beachten. Als letzte notwendige Voraussetzung muss er über die Entscheidungsfähigkeit zur entsprechenden Technik verfügen.

Handeln aufgrund gegnerischer Position und Fertigkeit

Erkennen gegnerischer Fertigkeiten

In der zweiten Entwicklungsstufe orientiert sich das Handeln des Spielers am Gegner, an dessen technischen Fertigkeiten und an seiner Position. Eine Übertragung des oben vorgestellten Schemas auf den Gegner wird vollzogen (Ausnutzung der Schwächen des Gegners). Hierzu gehört die Wahrnehmungsfähigkeit der Position und der Schwächen des Gegners verbunden mit der Fähigkeit zur Relativierung und Verallgemeinerung als unbedingte Voraussetzung.

Handeln aufgrund eigener und gegnerischer Fertigkeiten
In der dritten Stufe taktischen Handelns werden die Vorgänge der ersten beiden Stufen verbunden und kombiniert. Entscheidungen werden von den eigenen Möglichkeiten und Stärken abhängig gemacht, aber auch von den Möglichkeiten und der Position des Gegners. Hierzu müssen die Stärken und Schwächen des Gegners auch mit den eigenen Schwächen und Stärken in Relation gesetzt werden.

Kombination

Handeln aufgrund längerfristiger Planungen
In dieser Phase werden bewusst vorbereitende Handlungen eingebaut, die erst ein oder zwei Schläge später den erhofften Punktgewinn herausarbeiten. Hier werden Spielzüge eingesetzt, bei denen gegnerische Handlungen über Wahrscheinlichkeitswissen antizipiert werden. Auch hierzu kann das obige Schema für den Spieler selbst – aber auch für den Gegner – weiterhelfen. In diese Entwicklung gehören auch Gruppierungen von Spielern mit typischen Antwortmöglichkeiten, Stärken und Schwächen etc. aufgrund ihres Spielsystems, ihres Materials, ihrer Schlägerhaltung o. ä. Zu dieser Stufe ist ebenfalls ein hohes Maß an taktischen Kenntnissen Voraussetzung, sowie auch die Fähigkeit, sich bei unerwarteten Handlungsentwicklungen blitzschnell umstellen zu können.

Spielzüge

Taktiktraining

Definition
Zielsetzung des Trainings am Tisch ist die Entwicklung und ständige Verbesserung von Wahrnehmungs-, Antizipations-, Entscheidungs- und Aktionsleistungen, die dazu befähigen, sich an variable Spielsituationen anzupassen und entsprechende Lösungen kognitiver und motorischer Art zu realisieren (DTTB-Lehrplan 3).

Grundsätze
Ähnlich wie bei der Technik gilt es auch im Bereich taktischer Inhalte in einer Art Spiralform vorzugehen, verschiedene Bereiche in der Qualität, wie sie den spielerischen und konditionellen sowie geistigen Entwicklungen des Spielers entspricht, in die Ausbildung aufzunehmen und nach und nach weiter zu vertiefen.

Spiralmodell

Wichtiger Grundsatz für den Bereich des Taktiktrainings, bei dem es zur praktischen Durchführung von Lösungsmöglichkeiten kommt, ist es, möglichst immer mehrere Lösungsmöglichkeiten zu trainieren, da der Spieler sonst berechenbar wird.

Zusammenhang von Ursache und Wirkung
Bei der Fehlerbekämpfung im Training geht es zunächst darum, die Ursache für die Fehler genau aufzudecken, um nicht an Wirkungen und

Symptomen Verbesserungen zu versuchen, ohne die wirkliche Fehlerursache entdeckt zu haben. Eine Orientierung bei der Ursachensuche gibt die oben beschriebene Handlungsstruktur:
1. Hat der Spieler den ankommenden Ball richtig wahrgenommen?
2. Weiß er seine möglichen Antworten?
3. Hat er sich für die richtige Antwort entschieden?
4. Hat er diese Antwort richtig durchgeführt?

Inhalte und Methoden des Taktiktrainings

Wahrnehmungsschulung

Erste Voraussetzung der taktischen Handlungsfähigkeit ist die Wahrnehmung der Situation, des Balles mit seinen PTRF-Effekten, der Position des Gegners und seines Schlägers und der eigenen Position (Körper und Schläger). Hier gilt es, Aufmerksamkeit für bestimmte Knotenpunkte zu schulen, Blickstrategien zu entwickeln. Ziel ist es, die richtigen Informationen aus der Fülle des Angebotes herauszufiltern. Untrennbar von diesem Bereich ist dabei die Schulung der spezifischen Antizipation, denn es geht meist weniger darum festzuhalten, wo der Ball oder der Gegner momentan sind, sondern wo sie in wenigen Augenblicken sein werden.

Aufmerksamkeitslenkung

Zur Schulung bekommen die Spieler zunächst einfache, deutlich erkennbare Wahrnehmungs- und Antizipationsaufgaben. Zudem sollte von Beginn des Tischtennistrainings an von allzu regelmäßigen Aufgaben abgesehen werden; vielmehr sollten Alternativen zugelassen werden, um den Prozess der Aufmerksamkeit ständig anzusprechen. Zur Verbesserung der Wahrnehmung sind häufige Veränderungen des Gegners oder der Situationen (Bälle, Tischvariation) wichtig. Hierzu gehören auch Aufgabenstellungen, bei denen die Spieler ihre Aufmerksamkeit auch während des Trainings am Tisch ständig auf bestimmte Beobachtungsaufgaben richten.

Wahrnehmungsaufgaben

Vermittlung taktischer Kenntnisse

Bei der Vermittlung taktischer Kenntnisse handelt es sich um die Vermittlung theoretischen Wissens, welches über verschiedene Wege geschehen kann. Dies reicht von der Form des Referates oder Vortrages über direkte oder indirekte Spielbeobachtungen (Video), von Spielkonzeptionen oder Einzelelementen über Arbeitsblätter zu den verschiedenen Inhalten bis zu den Gesprächen im Rahmen des Coachings im Vor- und Nachfeld eines Wettkampfes. Dies beinhaltet natürlich auch die taktische Einordnung von Schlägen, Beinarbeitstechniken oder Teilkomponenten der Techniken bei der Technikschulung.

Lösungsmöglichkeiten erarbeiten

Vermittlung taktischer Fähigkeiten
In diesem Bereich geht es darum, die Spieler in die Lage zu versetzen, Lösungsmöglichkeiten für entsprechende Situationen zu finden und Entscheidungen zu bestimmten Lösungen zu treffen. Hier benötigt der Spieler neben einem theoretischen Wissen zur Situationseinordnung die Fähigkeit zum operativen Denken und Entscheiden. Hier ist der Grundsatz „vom Leichten zum Schweren" (Unterscheidung zwischen nur zwei Alternativen mit deutlichen Unterschieden bis hin zu immer differenzierteren Aufgabenstellungen) besonders bedeutend. Der Spieler muss klare Entscheidungsstrukturen entwickeln. Dies reicht von direkten Aufgaben am Tisch über Beobachtung verschiedener Lösungsmöglichkeiten bis hin zu Denkspielen, bei denen Lösungswege überlegt und durchgespielt werden. Um in diesem Bereich zu schulen, muss sichergestellt sein, dass die Prozesse der Wahrnehmung keine Fehlerquelle darstellen und auch für die Lösung der Aufgabe keine Kenntnisdefizite vorliegen. Hier gilt es auch, die Kreativität der Spieler im Bereich der Lösungssuche anzusprechen. Hierzu gehört auch, zusammen mit dem Spieler Spielzüge für sein Spiel zu entwickeln. Dies kann sowohl über geschlossene Aufgabenstellungen, bei denen Lösungen vorgegeben werden, als auch über offene Aufgabenstellungen, bei denen die Lösungen selbst entdeckt werden, geschehen.

Vermittlung taktischer Fertigkeiten
Die Vermittlung taktischer Fertigkeiten ist vom Techniktraining nicht zu trennen. Hier geht es darum, die Technik in der entsprechenden Variante motorisch zu beherrschen. In diesen Bereich gehören also alle technisch-taktischen Übungen zum Erwerb oder zur Festigung bestimmter Techniken.

Zusammenhang Technik-Taktik

Werden die Handlungen, die mit einem positiven Ergebnis abgeschlossen wurden, des öfteren geübt, bilden sich auf der Basis der Eigen- und Fremdinformation **taktische Fertigkeiten** heraus (KERN 1989).

5.5.4 Hinweise zum Training in den Förderstufen
Die Kontrolle des taktischen Leistungszustandes erfolgt über Wahrnehmungs-, Reaktions- und Entscheidungstests sowie über Wettkampfanalysen; im Bereich taktischer Kenntnisse kann dies auch über Fragebögen, schriftliche oder mündliche Tests etc. geschehen. Dabei sind jedoch gesicherte Kontroll- und Testverfahren momentan nicht vorhanden, so dass die Bestimmung des Leistungsstandes – insbesondere der Defizite – dem subjektiven Eindruck des jeweiligen Trainers unterliegt.
Auf die Anforderungen im Bereich taktischer Fertigkeiten wird hier nicht im Einzelnen eingegangen, da sie sich von den technischen Leistungsmerkmalen nicht trennen lassen.

Förderstufe I

VH-/RH-Differenzierung

Wahrnehmungsfähigkeit
Am Ende dieser Förderstufe soll der Spieler in der Lage sein, in RH- und VH-Seite Bälle frühzeitig als solche für RH und VH zu erkennen, bei einer Tischaufteilung von eindeutig mehr VH- als RH-Anteilen. Er sollte auch eindeutige Signale des Gegners, ob dieser VH oder RH spielen will, wahrnehmen. Bei den vorbereitenden Spielen – wie Ball über die Schnur oder Inidiaca – sollte er eigene Extremstellungen und gegnerische Extremstellungen als solche registrieren.

Gundlagenwissen

Taktische Kenntnisse
Als Grundlage für das weitere Verstehen muss der Spieler am Ende dieser Stufe die Tischtennis-Regeln in ihren Grundzügen kennen. Begriffe wie VH und RH sowie der Sinn und Zweck der Grundstellung, der neutralen Position und die richtige Schlägerhaltung sollen ihm bekannt sein, ebenso das Verhältnis der Tischaufteilung von etwa 2 / 3 VH- und 1 / 3 RH-Seite. Das taktische Prinzip, über extreme Platzierungen in den vorbereitenden Spielen den Gegner zu großen Laufwegen und Fehlern zu zwingen, muss am Ende dieser Stufe bekannt sein.

Spiel mit mehr VH

Taktische Fertigkeiten
In RH- und VH-Seite verteilte Bälle sollte der Spieler nicht nur als solche erkennen, sondern sich auch zu den entsprechenden Schlagseiten entscheiden. Das Bestreben bei gleichmäßig verteilten Bällen mehr VH als RH zu spielen, ist zu erkennen. Beim Spiel über Banden müssen die erkannten Extremstellungen auch ausgenutzt werden und der bewusste Einsatz von einfachen Spielzügen erfolgen. Hier sollte auch das Bestreben, aus extremen Positionen in eine neutrale Ausgangsstellung zu laufen, deutlich zu erkennen sein.

Förderstufe II

Gegnerbeobachtung

Wahrnehmungsfähigkeit
Der Spieler soll am Ende dieser Stufe unterscheiden können, ob ein Ball kurz (springt eindeutig zwei- oder mehrmals) oder lang (springt eindeutig nur einmal auf dem Tisch) ist. In Bezug auf den Gegner soll er dessen Fehler wahrnehmen und als Grundlage einer einfachen Analyse auch registrieren. Fehler in der neutralen Position des Gegners müssen nun auch in weniger gravierenden Fällen wahrgenommen werden. Ebenso gilt es, die gespielte Technik des Gegners zu beobachten und unterschiedliche Rotationsarten wahrzunehmen. Die Tischaufteilung wird nun differenzierter und bei langsamem Tempo werden auch im

Entscheidungsbereich zwischen RH und VH die Bälle richtig wahrgenommen. Es gelingt nun, bei einfachen Übungen die Aufmerksamkeit ganz auf den Gegner und sein Verhalten zu richten. Erste Ansätze tischtennisspezifischer Antizipation sind deutlich zu erkennen.

Taktische Kenntnisse
Der Spieler muss in dieser Phase über die Zuordnung verschiedener Techniken für kurze und lange Bälle verfügen. Die verschiedenen bis jetzt beherrschten Techniken können benannt und mit der entsprechenden Rotation verbunden werden. Die Grundrotationsarten (Unterschnitt, Oberschnitt, Seitschnitt, ohne Rotation) sind ebenso wie das grundsätzliche Entstehen von Rotation bekannt. **Kenntnisse über Rotation**

Die Doppelregeln sollen beherrscht werden. Vorher in den vorbereitenden Spielen gelernte Taktikgrundkonzepte, Spielen über Ecken, wechseln zwischen VH und RH sowie Überraschungen werden nun auch auf Tischtennis übertragen. Die Kenntnis der neutralen Position muss vertieft werden und Konzepte, wie Fehler in der neutralen Position auszunutzen sind, müssen bekannt sein.

Dem Spieler muss es ferner möglich sein, seine eigenen technischen Möglichkeiten beschreiben und bestimmen zu können.

Taktische Fertigkeiten
Die Fähigkeit, gegnerische Fehler wahrzunehmen, wird dazu genutzt, nun auch einfache Gegneranalysen während der Spiele vorzunehmen. Vorgegebene einfache Taktikkonzepte werden verstanden und im Wettkampf auch umgesetzt. Der Spieler ist in der Lage, die erkannten Fehler in der gegnerischen Neutralposition auch auszunutzen. Nach dem Erkennen der richtigen Rotationsarten setzt der Spieler noch in einem weitestgehend bewussten Prozess jetzt die richtigen Techniken ein. Die Tischaufteilung (VH/RH) ist nun sehr viel genauer und auch im Problemfeld Mitte gibt es bei relativ langsamen Bällen so gut wie keine Entscheidungsprobleme oder Fehler mehr. Jetzt beginnen auch Prozesse der Risikoabwägung. **Fehler des Gegners ausnutzen**

Förderstufe III

Wahrnehmungsfähigkeit
Die Platzierungen der Bälle auf dem Tisch – sowohl die eigenen als auch die gegnerischen – werden nun genau wahrgenommen. Sowohl bei der Wahrnehmung im Ellbogenbereich als auch bei kurz/lang-Wahrnehmungen gibt es nun auch bei höherem Tempo kaum noch Probleme. Fehler in der Grundstellung oder neutralen Position des Gegners sowie seiner Schlägerhaltung werden nun auch ohne spezielle Aufmerk- **Spielfähigkeit bei höherem Tempo**

samkeitslenkung wahrgenommen. Ebenso beginnt nun nicht nur die Unterscheidung verschiedener Rotationsarten, sondern auch verschiedener Rotationsstärken. Die Antizipation und damit Spielfähigkeit auch in schnelleren Situationen steigt bei den Spielern eindeutig an. Situationen, in denen der Spieler selbst wieder aktiv werden kann, werden als solche wahrgenommen. Im Bereich des Doppels beginnt der Spieler, Stellung und Position seines Mitspielers wahrzunehmen.

Taktische Kenntnisse
Die Bedeutung und das Besondere der Aufschlagsituation sollten nun beim Spieler ebenso wie die Aufschlagregel bekannt sein. In dieser Phase müssen dem Spieler auch die verschiedenen Belagtypen und ihre einfachen Auswirkungen im Rotations- und Tempoverhalten der Bälle bekannt sein. Dem Spieler ist nun die Schwierigkeit, Bälle im Ellbogenbereich zu spielen, ebenso bekannt wie Spielzüge, die diesen Problembereich zum Inhalt haben. Genauso werden dem Spieler in dieser Phase verschiedene Spielsysteme nahegebracht, mit ihren vorwiegenden Schlägen, ihren Stärken und Schwächen und mit Vor- und Nachteilen bestimmter Schlägerhaltungen. Ebenso ist es dem Spieler in realistischer Selbsteinschätzung möglich, seine eigenen Stärken und Schwächen in technischer und taktischer Hinsicht zu beschreiben. Das Prinzip des Nachspielens als Taktik im Doppel ist den Spielern bekannt.

Kenntnis verschiedener Spielsysteme

Taktische Fertigkeiten
Der Spieler setzt nun Aufschläge bewusst unter Berücksichtigung vorheriger Ballwechsel und gegnerischer Positionen ein. Besonders im Bereich der Platzierungen (RH, VH, Mitte, kurz oder lang) ist dieses Bestreben zu erkennen. Spielzüge zur Ausnutzung gegnerischer Schwächen oder zur Einbringung eigener Stärken können selbstständig entwickelt und durchgeführt werden. Auch bei höherem Spieltempo gibt es kaum Probleme mit der Tischaufteilung, die nun auch nicht mehr statisch ist, sondern sich der jeweiligen Spielsituation anpassen kann. Im Doppel wird die Taktik des Nachspielens beherrscht und in den richtigen Situationen auch durchgeführt.

Einbringung eigener Stärken

Förderstufe IV

Wahrnehmungsfähigkeit
Der Spieler ist nun in der Lage, auch leichte Rotationsunterschiede gegen ungewohnte Materialien oder Gegner auf Anhieb wahrzunehmen. Er verbessert nun auch seine Wahrnehmung im Bereich halblanger Bälle. Die Situationen, in denen ein Umschalten von Passiv auf Aktiv (oder umgekehrt) nötig ist, werden schnell wahrgenommen oder antizipiert.

Aktiv-Passiv-Spiel

Vorgänge beim Gegner (Fehler, Stärken etc.) werden immer differenzierter wahrgenommen, ebenso Veränderungen der Grundpositionen im Laufe des Satzes. Auch das Verschieben des Problembreiches Ellbogen wird genau wahrgenommen.

Taktische Kenntnisse
Die Kenntnisse im Bereich Material sind nun ausgeweitet, den verschiedenen Belagtypen sind Stärken und Schwächen zugeordnet. Mögliche taktische Mittel für die eigenen technischen Möglichkeiten werden daraus abgeleitet. Im Bereich der einzelnen Techniken ist dem Spieler klar, welche Parameter er bei unterschiedlicher Rotation oder unterschiedlichem Tempo des anfliegenden Balles, aber auch bei unterschiedlich gewünschter Wirkung des eigenen Balles, verändern muss.
Die Gesetzmäßigkeiten der VH- und RH-Dominanz sind dem Spieler ebenso wie die daraus abgeleiteten Grundtaktiken bekannt. Ebenso verfügt der Spieler über Grundtaktiken gegen verschiedene Spielsysteme einschließlich des Abwehrspiels. Der Sinn eines halblangen Anspiels ist den Spielern geläufig wie auch eine differenzierte Tischaufteilung mit den Feldern „außen VH" und „außen RH". Die Flughöhe des Balles wird als vierter taktischer Parameter neben Platzierung, Tempo und Rotation eingeführt. Dem Spieler ist deutlich, dass es bei der Ausführung weniger um Maximalwerte dieser Parameter als vielmehr um Variationen in diesen Bereichen geht.

VH-/RH-Dominanz

Im Bereich Doppeltaktik kennt der Spieler die Maßnahmen, seinen Mitspieler ins Spiel zu bringen und das Problemfeld „tiefe VH".

Taktische Fertigkeiten
Der Spieler ist in der Lage, auf verschiedene Spielsysteme – auch gegen Abwehrspieler – sein Spiel sinnvoll abzustimmen, Spielzüge zu entwickeln und variabel zu reagieren. Er ist fähig, Grundtaktiken gegen VH- und RH-dominante Spieler anzuwenden. Dabei kann er gegen feinere Rotationsunterschiede und unterschiedliches Material sicher agieren. Er selbst ist gut genug, bewusst verschiedene Variationen eigener Techniken einzusetzen. Beim Rückschlag halblanger Aufschläge oder der Beantwortung halblanger Rückschläge ist der Entscheidungsbereich für ihn nur noch sehr gering. Beim eigenen Aufschlagspiel setzt er Aufschläge gleichen Aussehens mit unterschiedlicher Wirkung (bewusstes Fintieren) ein und entscheidet sich auch in kritischen Situationen zu überraschenden Aufschlägen. Im Rückschlagspiel verfügt er über eine gewisse Variabilität. Das Umschalten von aktiv auf passiv und umgekehrt gelingt ihm mittlerweile ebenso wie eine differenzierte Gegneranalyse. Die Gegneranalyse während eines Wettkampfes geht immer schneller; somit wird der Bereich der Antizipation ständig weiter ausgebaut. Die Tischaufteilung VH-RH ist nun annähernd in jeder Spielsituation gut, Fehler werden zumindest selbst wahrgenommen und so ständig korri-

Situative Entwicklung von Spielzügen

giert. Fehler in der Tischaufteilung des Gegners werden nun schon in einer unbewussten, aber bewusstseinsfähigen Ebene ausgenutzt.
Im Doppel findet ein Abwägungsprozess zwischen dem Ausnutzen einer Schwäche des Gegners und dem bewussten Einbringen der Stärke des Mitspielers statt, auch wenn der Mitspieler im Laufe des Ballwechsels unterschiedliche Positionen einnimmt.

5.5.5 Beispiele für Trainingsformen im Taktikbereich

Ballspiele ohne Tisch
Bereits im Bereich der Ballgewöhnungsübungen und Vorübungen können erste Grundlagen für taktisches Handeln gelegt werden. Taktische Handlungsformen können während des gesamten Lernprozesses geschult werden. Spielformen: Ball über Umrandungselemente, Ball über Schnur, Ball gegen die Wand, Indiaca, Ball zurollen etc. Im Rahmen dieser Spiele werden offene Situationen geschaffen, bei denen sich die Spieler zwischen RH und VH entscheiden müssen. Hier trainieren sie den Bereich der Wahrnehmung und die erste Stufe der Taktik (Handlungen aufgrund der eigenen Fertigkeiten).
Mit Aufgabenstellungen wie „Beobachtet, wo der Gegner steht und spielt in die andere Ecke!" kann durch Änderung der Aufmerksamkeitslenkung die zweite Stufe der Taktik einsetzen (Handlung orientiert sich an den Fähigkeiten der Gegner). Weiter sind in diesen Formen auch erste Vorübungen zur taktischen Planung möglich: „Wann muss euer Gegner am meisten laufen? Versucht, ihm weit in die Ecken des Feldes zu spielen oder viel kurz-lang zu spielen!" Stellt sich der Gegner darauf ein: „Beobachtet die Bewegungsrichtung! Versucht, über Unregelmäßigkeit erfolgreich zu sein!" Hier sind schon erste Täuschungsmanöver möglich.
Um diese Beobachtungsaufgaben zu erfüllen, ist eine externe Beobachterrolle sinnvoll, um die Aufmerksamkeit nur auf das Beobachten zu lenken und nicht auf die Entscheidung und Durchführung. Zudem muss man das Spiel mit größeren Bällen oder durch Regeln zunächst verlangsamen, um lösbare Aufgaben zu schaffen. Die hier gewonnenen Fähigkeiten in den wichtigen Bereichen Wahrnehmung, Planentwicklung und Entscheidung können, wenn die technischen Fertigkeiten am Tisch entwickelt sind, dort eingesetzt werden.
Diese Spielformen bieten sich auch im fortgeschrittenen Stadium zur Einführung bestimmter taktischer Grundmuster oder Prinzipien an. Zur Vereinfachung der Spielformen sind beispielsweise auch Einschränkungen wie ausschließliches VH-Spiel möglich.

Laufspiele

Wilde Kreuzung
Ziel: Verbesserung der Wahrnehmungs- und Entscheidungsfähigkeit
Die Gruppe wird in vier gleichgroße Gruppen aufgeteilt. Diese nehmen jeweils eine Ecke der Halle ein. Auf ein Startkommando versuchen alle Gruppen gleichzeitig die diagonal gegenüberliegende Ecke möglichst schnell zu erreichen. Sieger ist die Gruppe, die am schnellsten komplett dort ankommt.

Spießrutenlauf
Ziel: Verbesserung der Wahrnehmungsfähigkeit, Ausbildung der taktischen Fähigkeiten, operatives Denken und Entscheidungsfähigkeit
Auf ein 5x5 m großes Spielfeld werden in jeder Ecke und im Mittelpunkt eine Stange aufgestellt. Zu jeder Stange begibt sich nun ein Spieler. Ziel ist es nun, möglichst schnell alle Stangen zu umrunden und wieder zu seiner eigenen Stange zurückzukehren. Dabei muss nach jeder fremden Stange erst die eigene Stange wieder umrundet werden.

Trainingsformen am Tisch

VH- / RH-Entscheidungen
Ziel: Verbesserung der Wahrnehmungs- und Entscheidungsfähigkeit
Die Bälle werden von einem Spieler oder Trainer ständig lang auf dem Tisch verteilt. Der trainierende Spieler muss sich nun entscheiden, ob dies ein Ball für RH oder VH ist.
Zur Abstufung können die Bälle näher und weiter vom Entscheidungspunkt gespielt werden, ein Entscheidungspunkt kann mit Kreide oder einem Springseil zur richtigen Tischaufteilung markiert werden, das Tempo und die Frequenz der eingespielten Bälle kann erhöht werden, durch unterschiedliches Einspielen (Länge, Rotation, Höhe) können zusätzlich Entscheidungen zu den verschiedenen Techniken gefordert werden.

Kurz-lang-Entscheidungen
Ziel: Verbesserung der Wahrnehmungs- und Entscheidungsfähigkeit
Es werden ganz normale Sätze mit folgender Sonderregelung gespielt: Erlaubt sind nur kurze Bälle (Bälle, die zweimal auf den Tisch springen würden). Hat ein Spieler nun den Eindruck, dass ein Ball seines Gegner nicht zweimal springen würde, kann er ihn ohne anzunehmen springen lassen. Springt er wirklich nur einmal auf den Tisch und fällt dann zu Boden, ist es ein Punkt für den Spieler, der den Ball hat springen lassen. Springt er aber doch mindestens zweimal, hat der Spieler, der den Ball gespielt hat, den Punkt. Alle anderen Punkte werden normal gezählt.

Gegnerbeobachtung
Ziel: Verbesserung der Wahrnehmungsfähigkeit, Entscheidungsfähigkeit, operatives Denken
Der Spieler soll bei dieser Aufgabe den Gegner genau beobachten, um sofort jede Möglichkeit des Punktgewinnes durch platziertes Spiel zu nutzen. Dazu muss er bei allen Trainingsformen (Balleimer, Spielzüge etc) und allen Schlagsituationen die Stellung des Gegners, seine Bewegungsrichtung u.a. erkennen lernen und Fehler sofort ausnutzen. Übungen dieser Art mit unterschiedlichen Schwerpunkten lassen sich in unendlicher Zahl entwickeln. Es können auch Übungen eingebaut werden, bei denen sich die Zielsetzung erst am zweiten oder dritten Ball erfüllt oder sich über einen gesamten Ballwechsel hinzieht, um so auch die Planungsfähigkeit auszubilden.

Technikvariationstraining

Taktische Fertigkeiten
Techniken werden in verschiedenen Variationen trainiert. In diesen Bereich gehören auch Elemente, welche die Wahrnehmung des Gegners erschweren (Nebenbewegungen, Täuschungsmanöver). Die Erarbeitung der Techniken verläuft auf verschiedenen Ebenen:
1. Fertigkeitserwerb (auch Kombinationen) unter konstanten situativen Bedingungen.
2. Fertigkeitsvariationen unter konstanten situativen Bedingungen.
3. Fertigkeitsanpassung (situative Bedingungen variieren in bekanntem Rahmen).
4. Fertigkeitsübertragung (variierende situative Bedingungen, die über den bekannten Rahmen hinausgehen).
5. Fertigkeitsgestaltung (Kreativitätstraining): Entwicklung neuer Variationen durch den Spieler.

Die Schritte 1 und 2 sind dabei Inhalte des sportmotorischen Trainings (Technik), die Stufen 3–5 dienen insbesondere der Entwicklung der kognitiven Fähigkeiten (nach SCHOCK 1984).

Spielzüge (taktische Übungen)
Selbstverständlich gehört zum taktischen Training auch das Spielzugtraining, oft in der Literatur unter dem Bereich „taktische Übungen" zu finden. Wichtig hierbei ist aber, dass im Training den Spielern die Schlüsselelemente bewusst sind und in Zusammenhänge (Spielsituation, eigenes und gegnerisches Spielsystem) eingeordnet sind. Bei dieser Art von Übungen muss der Punktgewinn als Endziel in jedem Fall erhalten sein; zudem müssen ein oder mehrere Bereiche taktischen Leistungsvermögens angesprochen werden. Taktische Übungen ohne

Entscheidungssituationen sind keine taktischen, sondern ausschließlich technische Übungen.

Matchtraining
Matchtraining ist die komplexeste Form einer taktischen Übung, muss aber ggf. eingeschränkt werden, um die Aufmerksamkeit der Spieler auf bestimmte Schwerpunkte zu lenken. Auch sollte der Trainer aktiv ins Spielgeschehen eingreifen; dabei lässt er Situationen reflektieren und bewerten, um den Spieler direkt zu korrigieren oder zu bestärken und auch Ursachen für Defizite zu entdecken. Hat er z.B. nicht gesehen, dass der Ball lang war, hat er eine falsche Entscheidung getroffen oder er hat sich nach einer richtigen Beobachtung falsch entschieden. Hierbei ist – wie sonst auch – auf oft wechselnde Trainingspartner zu achten, denn nur dann ist eine ständige Variation der Technik nötig. Das Beobachten bleibt wichtig, die Umstellungsfähigkeit bleibt erhalten und wird weiter ausgebildet.

Beispielübungen für taktisches Training
Ziel: Platzierung im Defensivspiel über Ecken
15' Wechsel alle 5 Aufschläge

Spieler A	Spieler B
KA (LA über RH => frei)	
	F/Sch in RH (manchmal Return in VH => frei
RHT auf Mitte	
	B in eine Ecke
frei	

Ziel: Platzierung Aufschlagspiel gegen VH-Dominanz
a) 2x 8'

Spieler A	Spieler B
KAU in VH/LA in RH (KAU-R-agressiv => frei)	
	KR/T in 2/3 RH
F in eine Ecke/sehr agressiver B in eine Ecke	
	frei

b) freie Sätze
Rückschläger muss vier von fünf Aufschlägen mit VH annehmen

143

Ziel: Platzierung Aufschlaglänge gegen RH-Dominanz
15' freie Sätze

Spieler A	Spieler B
A unterschiedlicher Längen in Mitte	
	T/KR/Sch in Ecken
Aggressiv in Mitte oder RH	
	frei

Spieler A punktet: 5x direkt mit Aufschlag
3x mit 3. Ball nach T
3x mit 3. Ball nach KR/Sch

Ziel: Platzierung, Rückschlag gegen RH-Dominanz
15' freie Sätze

Spieler A	Spieler B
KA in Mitte	
	KR in VH/F in Ecke
RHT auf Mitte/F in Mitte (in VH => frei)	
	B/T in eine Ecke
frei	

Wechsel: Spieler B punktet   3x mit T in VH nach KR (je ein VHT und RHT)
3x mit T in RH nach KR (je ein VHT und RHT)
3x mit B nach F (je ein VHB und RHB)

Ziel: Platzierung Offensivspiel nach kurz-kurz gegen RH-Dominanz, Auflösung kurz-kurz gegen VH-Dominanz
15', 5er Aufschlagserien; Aufschlag wechselt nur, wenn Rückschläger zuvor mindestens 3 Punkte erzielt hat.

Spieler A	Spieler B
KA in Mitte (LA => frei)	
	KR in VH (LR => frei)
kurz-kurz	
	Sch in Ecken
VHT/RHT in Mitte oder Ecke	
	frei

Ziel: Platzierung offensive Situation gegen RH-Dominanz, verbunden mit Tempo- und Rotationswechsel
15', Wechsel alle 5 Aufschläge

Spieler A	Spieler B
KA/LA auf Ellbogen (LA in RH => frei)	
	frei
1–3x T mit max. Spin/B/F in Mitte	
	frei
aggressiv in Ecke	

Ziel: Platzierung Seitenwechsel und Tempowechsel bei Passivspiel
Wechsel nach 5 Punkten in Folge für Aufschläger, vor Wechsel macht Rückschläger 10 Sprünge über Umrandungselement

Spieler A	Spieler B
LA in Mitte oder VH	
	VHT in Ecken
0–2 x B in Mitte oder VH	
	VHT in Ecken
B weich oder hart in RH – nachsetzen	
	frei
frei	

Ziel: Tempo, Tempowechsel beim Blockspiel
15', Wechsel alle 5 Aufschläge

Spieler A	Spieler B
LA in RH (KA in VH => frei)	
	RHK oder RHT
B schnell und B kurz variieren	
	frei
frei (bei günstiger Gelegenheit aktiv mit S oder T)	

Ziel: Wahrnehmung
15', Wechsel alle 2 Aufschläge

Spieler A	Spieler B
kurz-kurz	kurz-kurz
F auf Mitte	
	T in Ecke, aus der der F kam
T in Mitte	
	frei

Ziel: Einsatz von VHT mit unterschiedlicher Rotation
15', Wechsel alle 2 Aufschläge

Spieler A	Spieler B
LA in Ecken	
	T max Spin in RH
B in Ecken	
	T max. Spin oder min. Spin in VH
VHT	
	frei

Spieler B punktet	1. T, den A über den Tisch blockt 3x
	2. T, Gegenzieher geht ins Netz 2x
	3. T, Gegenzieher geht über den Tisch 2x
Spieler A punktet	4x mit VHT
	1x mit LA (Ass: Rückschläger berührt den Aufschlag nicht)

Ziel: Rotationsveränderungen, Entwicklung des Spiels, um max. Spin erfolgreich einzusetzen
freies Spiel
Aufschläger muss 4 x VHT so spielen, dass der andere über den Tisch blockt, dann Wechsel

Ziel: Flughöhenveränderung
a) je 5'

Spieler A	Spieler B
kurz-kurz	kurz-kurz
Sch/F in VH	
	VHT par
B in RH, manchmal B in Mitte => frei	
	RHT schnell in RH
B in RH	
	RHT max. Spin in Mitte (Ballhöhe verändern, um direkt mit diesem Ball zu punkten)
frei	

b) je 5'

Spieler A	Spieler B
A in Mitte (LA in VH => frei)	
	KR/T hohes Tempo in Mitte oder RH
Bei KR Sch in Mitte	
	T hohes Tempo in Mitte oder RH
B in Ecke	
	T schnell par. oder hoch in RH

Ziel: Entwicklung taktischer Fähigkeiten, Befreiung aus passiver Situation
Wechsel immer nach 5 Punkten des Blockspielers, 15'

Spieler A	Spieler B
KA in Mitte (LA in Mitte => frei)	
	Sch in RH (KR => frei)
T (hohes Tempo) in Mitte	
	B
T in Mitte usw.	
	B

B versucht, eine immer bessere Position zu erreichen und aktiv zu werden

Ziel: Entscheidungsfähigkeit zwischen verschiedenen Lösungsmöglichkeiten, Aktivspiel aus RH-Seite
15', ein Spieler hat so lange Aufschlag, bis insgesamt 7 Punkte erzielt werden; Sieger hat wieder Aufschlag

Spieler A	Spieler B
A in Mitte (LA in VH => frei)	
	KR/T hohes Tempo in Mitte oder RH
Bei KR jetzt Sch in Mitte	
	T hohes Tempo in Mitte/RH
B in Ecke	
	T hohes Tempo par. oder langsam und hoch in RH
frei	

Beispiele für kognitive Inhalte des Taktiktrainings

1. Materialkunde
In diesem Bereich gilt es, dem Spieler die verschiedenen Belagtypen mit ihren Auswirkungen auf das Rotations- und Tempoverhalten der Bälle nahe zu bringen, Stärken und Schwächen unterschiedlicher Beläge aufzuzeigen und somit auch Spielzüge sowie taktische Konzepte gegen sie zu entwickeln. Der Spieler sollte befähigt werden, diese nicht nur theoretisch zu entwickeln, sondern auch praktisch umzusetzen. Dazu ist Training gegen verschiedene Beläge außerordentlich wichtig. Ideal wäre es nun, wenn in den Trainingsgruppen alle Belagtypen vorkommen, um so alle Möglichkeiten zu haben. Ansonsten müssen Trainer oder Spieler mit bestimmten Materialien als Sparringspartner dienen.

2. Taktik gegen Abwehrspieler
Hier gilt es, Stärken und Schwächen von Abwehrspielern zu beschreiben und daraus resultierende Taktiken für ein Spielsystem gegen Abwehrspieler zu entwickeln und auch zu trainieren. Für das praktische Training am Tisch gelten die selben Grundsätze wie unter Punkt 1.
Mögliche Erfolgswege zum Punktgewinn gegen Abwehrspieler sind: Stopbälle, Rotationswechsel, schnelle Bälle auf den Bauch, gegen den Lauf spielen, kurze Bälle mit viel Rotation in die VH.

3. Doppeltaktik
Im Doppelspiel kommen ganz andere Problemstellungen auf die Spieler zu als im Einzel, weil sie zusätzliche Laufwege zurücklegen müssen, sie selbst nur noch jeden zweiten Ball spielen müssen, in ihren Überlegungen nicht nur eigene Stärken und Schwächen sowie die des

Gegners einbeziehen müssen, sondern auch die des Partners. Aus diesen Besonderheiten des Doppelspiels geht hervor, dass der Bereich der taktischen Anforderungen im Doppel noch höher ist als im Einzel. Die Wahrnehmung ist nun auf vier und nicht nur auf zwei Spieler gerichtet, und auch die Verzweigungsmöglichkeiten im Sinne des operativen Denkens erreichen höhere Komplexität. Taktisch wichtig sind auch technische Besonderheiten im Doppel, denn durch die ständige Bewegung ist es erheblich schwerer, den Ellbogen des Gegners zu treffen. Das Passivspiel wird im Doppel erheblich schwieriger als im Einzel, weil das Einnehmen der Ausgangsstellung für den nächsten Schlag schwieriger sein kann.

In der Literatur finden sich nur wenige taktische Hinweise auf das Doppelspiel:
- Das Prinzip des Nachspielens: Ball dorthin spielen, wo der nicht spielende Partner des Gegners steht bzw. hinläuft (GÖRTZ 1991).
- Eine andere Rolle des Aufschlages im Doppel durch geringere Variationsmöglichkeiten im Bereich der Platzierung.
- Die bessere Seite ist die RH-Seite (Bälle werden aber von hier mit der VH gespielt). Aufgrund dieser Tatsache muss der Spieler, um seinen Partner ins Spiel zu bringen, in die RH-Diagonale seines Partners spielen, denn der Ball kommt wahrscheinlicher diagonal zurück. Zudem sprechen die Streugesetze hierfür. Daraus resultiert ebenfalls, dass die tiefe VH im Doppel ein Problempunkt ist und rechts-links-Kombinationen „über Kreuz zu holen" sind, d.h. durch das Erzwingen sich kreuzender Laufwege (ADOMEIT/RAUTERBERG 1991).

4. Prinzip der neutralen Position

Beim Bestreben um eine neutrale Position geht es darum, zwischen den Schlägen in Bezug auf Körperposition, Schlägerposition und Schlägerblattstellung eine möglichst optimale Position zum Spielen des nächsten Balles einzunehmen.

Bezüglich des Körpers heißt dies, dass der Spieler die Winkelhalbierende nach seinem gespielten Ball sucht, um möglichst zu jedem der nun möglichen Schläge des Gegners den kleinsten Weg zu haben. Mit steigendem Antizipationsvermögen kann er in bestimmten Situationen aufgrund größerer Wahrscheinlichkeit zu bestimmten Richtungen des Balles sich auch schon eher in diese Position begeben. Ähnliches gilt für die Position des Schlägers und des Schlägerblattes. Zu Beginn muss es um eine Position gehen, von der jeder Ball gleich gut zu spielen ist. Mit steigender Antizipationsmöglichkeit verschiebt sich dies in Richtung der wahrscheinlich folgenden Antwortmöglichkeit.

Beispiele: als Abwehrspieler in passiver Lage wird eine relativ hohe Position des Schlägers eingenommen, weil der nächste Schlag mit hoher Wahrscheinlichkeit von oben nach unten ausgeführt wird; nach langem eigenen Aufschlag wird eine Position etwas weiter vom Tisch eingenommen als nach kurzem Aufschlag, da dem Gegner die Chance, kurz zurückzuspielen, fehlt; nach gutem Angriffsball in außen-RH gegen bestimmte Gegner schon beginnen zu umlaufen, da der Ball wahrscheinlich diagonal in die RH-Seite kommen wird.

Das Grundprinzip der neutralen Position muss den Spielern von Beginn an verdeutlicht werden, ebenso das Prinzip, Schwächen in der neutralen Position des Gegners direkt auszunutzen. Von diesem Prinzip lassen sich später auch Taktiken gegen RH- und VH-Dominanz ableiten.

5. Sondersituation Aufschlag

Es gilt, mit dem Spieler das Besondere, welches die Situation Aufschlag bietet (selbstbestimmte Bewegung, viel Zeit, Beginn jedes Ballwechsels, garantiertes Vorkommen in jedem Ballwechsel), herauszuarbeiten. Daraus ergibt sich direkt die Notwendigkeit guter Aufschläge (Motivationssteigerung für das Aufschlagtraining) und die Notwendigkeit konzentrierter und bewusster Durchführung im Wettkampf. Gleichzeitig gehört in diesen Zusammenhang der Sinn und Zweck einzelner Aufschlag-Platzierungen, Rotationen etc. sowie die Bestimmung der Antwortmöglichkeiten auf bestimmte Aufschläge und die Einordnung der Aufschläge in bestimmte Spielsysteme.

6. Beinarbeit und Grundstellung

Sinn und Zweck von Grundstellung und einer Tischaufteilung 2/3 Vorhand und 1/3 Rückhand sowie des Einnehmens der Winkelhalbierenden (s.a. neutrale Position) müssen von den Spielern verstanden sein und praktisch umgesetzt werden können. Ebenso geht es darum, Fehler in gegnerischer Stellung, Beinarbeit, Gewichtsverteilung zu erkennen und entsprechend auszunutzen, später sogar herbeiführen zu können.

7. Platzierung, Schlaglänge

In diesen Bereichen gilt es, Möglichkeiten verschiedener Schlaglängen (lang, kurz, später auch halblang) zu beschreiben, mit Techniken, Antwortmöglichkeiten und Sinn zu hinterlegen, wahrzunehmen und anwenden zu lernen.

8. Platzierung: seitliche Ausrichtung

Zu Beginn kann der Spieler sicherlich nur VH und RH bewusst unterscheiden und anvisieren. Schnell kommt dann aber der Bereich Mitte hinzu, und danach Felder wie außen-RH und außen-VH. Sinn und Zweck von Platzierungen in diese Bereiche und ihre praktische Durchführung sowie die Entwicklung von Spielzügen gilt es zu schulen.

9. Rotationskunde

In diesen Bereich gehören Kenntnisse über die Art und Weise der Rotationserzeugung, aber auch die Auswirkung auf das Flug- und Absprungverhalten des Balles. Der Spieler muss erkennen können, mit welcher Rotation der vom Gegner gespielte Ball ankommt und wie sich diese Rotation auswirkt. Er muss seine eigenen technischen Möglichkeiten in Bezug zur ankommenden Rotation setzen, um seinen eigenen Ball optimal spielen zu können.

10. Spielsysteme
Bevorzugte Techniken, bestimmte Schlägermaterialien, Schlägerhaltungen etc. bewirken, dass alle Spieler zwar individuelle technische Ausprägungen besitzen, jedoch aufgrund zahlreicher Gemeinsamkeiten in ein bestimmtes Spielsystem einzuordnen sind. Kenntnisse über diese Spielsysteme ermöglichen es dem Spieler, Stärken und Schwächen des Gegners einzuschätzen und seinerseits taktische Maßnahmen einzuleiten, die das eigene Spielsystem erfolgreicher machen.

11. VH- und RH-Dominanz
Zur Strukturierung der Spieler bietet sich eine Einteilung aufgrund der von der Schlägerhaltung hervorgerufenen taktischen Grundkonzeptionen, der RH- und VH-Dominanz, an. Es gilt, diese Spielertypen zu charakterisieren und mit ihren Stärken und Schwächen zu beschreiben, Grundtaktiken gegen sie zu entwickeln und anzuwenden, die Grundtaktiken auf das eigene Spiel abzustimmen. Hiermit verbunden ist gleichzeitig die Fähigkeit, Dominanzen überhaupt erkennen zu können (ADOMEIT 1992).

Kognitive Trainingsformen im taktischen Bereich

Coaching
Durch Coaching vor und nach Wettkämpfen wird die Aufmerksamkeit der Spieler auf taktische Inhalte gelenkt. Sie lernen, taktische Konzepte in die Praxis umzusetzen, ihre eigene und die gegnerische Leistung zu bewerten. Wird Coaching im Sinne von „Lerncoaching" mit lösbaren Aufgaben und Zielsetzungen durchgeführt, hilft es dem Spieler, bewusst zu agieren, zumal er in Phasen des Wettkampfes diesen Inhalten leichter zugänglich oder aber sensibler ist. Dabei darf jedoch nicht vergessen werden, dass der Spieler lernen muss, selbstständig zu entscheiden und zu handeln; Coaching ist nur eine Hilfe auf dem Weg zur Eigenverantwortung.
In diesem Bereich ist es jedoch auch möglich und sinnvoll, die Spieler selbst als Betreuer agieren und handeln zu lassen. Zudem gehören ein Einschreiten oder Gespräche in Trainingswettkämpfen in diesen Bereichen genauso dazu.

Arbeitsblätter

Zur Entwicklung, Strukturierung oder Überprüfung taktischer Kenntnisse können Arbeitsblätter oder Fragebögen eingesetzt werden. Als Beispiel dient hier ein Fragebogen zu Rückschlägen bei kurzem Aufschlag in die VH mit sehr offenen Fragestellungen. Einsatzfähig ist er ab der Stufe, in der der Spieler bewusst kurze Aufschläge in VH spielen kann.

1. Welche Rückschläge sind auf KA in VH prinzipiell möglich?
2. Welche Rückschläge beherrschst du?
3. Beherrschst du jede deiner angegebenen Möglichkeiten auf jeden Aufschlag?
   Wenn nein, dann überlege kurz, welche Möglichkeit auf welchen Aufschlag?
4. Welche Möglichkeiten wendest du im Wettkampf in der Regel an?
5. Gegen welchen Gegner sind welche Rückschläge sinnvoll?

Führen eines Taktikbuches

Um das Bewusstsein der Spieler für den Bereich der Taktik zu schärfen und sie zur Selbstverantwortung in diesem Bereich zu führen, ist der Einsatz eines Taktikbuches sinnvoll. Hier werden alle Wettkämpfe notiert. Dazu kommen in jedem Spiel Dinge, die erfolgreich waren und Dinge, die gegen diesen Gegner zu beachten sind. Anhand der Qualität des Taktikbuches lässt sich auch das taktische Verständnis des Spielers sehr gut nachvollziehen.

Trainingsplanung

6

In der Trainingstheorie unterscheidet man zwischen der langfristigen, der mittelfristigen und der kurzfristigen Planung. Als langfristige Planung kann die Struktur der Förderstufen betrachtet werden, die vom Anfänger- bis zum Leistungstraining die Entwicklung der Tischtennisspieler gedanklich vorwegnimmt. Als mittelfristige Trainingsplanung kann im WTTV-Methodikmodell der Durchlauf z. B. des Technikmodells (eine „Schleife" des Spiralmodells) betrachtet werden. Kurzfristig werden einige Trainingseinheiten, die sich an einem bestimmten Ziel orientieren, geplant.

Während sich der Tischtennistrainer bei der lang- und mittelfristigen Planung an der Rahmentrainingskonzeption orientieren kann, kommt der kurzfristigen Planung, also der Planung der Trainingseinheit sowie eines mehrwöchigen Trainings, die entscheidende Bedeutung zu.

Vorab sei auf einige wichtige Grundsätze für die Trainingsplanung hingewiesen:

- Jede Trainingsgruppe ist anders; neben leistungs- und altersmäßigen Unterschieden sind auch die Interessensausrichtung der Kinder und Jugendlichen sowie in zunehmendem Maße die individuelle Spielweise zu beachten. Auch spielen externe Faktoren wie Trainingszeiten, schulische Veranstaltungen etc. eine wichtige Rolle. Eine Trainingsplanung muss immer auch die individuellen Gegebenheiten berücksichtigen. Fertige Trainingspläne, die von anderen Gruppen / Trainern übernommen werden, sollten deshalb lediglich als Hilfe bei der Trainingsplanung dienen, eigene Planungen jedoch nicht ersetzen.
- Jeder Trainer entwickelt seinen eigenen Trainingsstil, welcher der individuellen Persönlichkeit angepasst ist. Sowohl andere Trainingsstile als auch andere Trainer können hilfreich bei der Entwicklung sein, sollten aber nicht kopiert werden.
- Lernerfolge sind nicht exakt planbar. Eine Trainingseinheit sollte deshalb immer erst dann geplant werden, wenn die tatsächlichen Voraussetzungen wie Könnensstand etc. bekannt sind.

Die Planung einer Trainingseinheit wird in mehreren Schritten vollzogen.

1. Zielformulierung:
Von entscheidender Bedeutung ist die Formulierung eines genauen Trainingszieles. Dieses Ziel muss im Kontext mit den mittel- und den langfristigen Zielen stehen. Beispiel: Das Erlernen des Vorhand-Topspins zieht sich innerhalb des Methodikmodells über mehrere Jahre hin. Mit-

telfristig, also z. B. in einem Durchlauf des Methodikmodells, kann der VHT mit variabler Rotation geschult werden. Für die einzelne Trainingsstunde bedeutet dies, dass überlegt werden muss, welche Verbesserung in Bezug auf die variable Rotation in einer Trainingseinheit erreicht werden kann – z. B. die Ausführung des VHT mit maximaler Rotation im Wechsel mit geringer Rotation. Für die Zielkontrolle (4. Schritt) kann das Ziel z. B. wie folgt formuliert werden: „Die Spieler sind in der Lage, auf Bälle mit geringem Unterschnitt einen VHT sowohl mit maximaler Rotation als auch mit geringer Rotation platziert zu spielen."

2. Analyse des Ist-Zustandes
Was können die Kinder und Jugendlichen? Wo muss die Trainingsstunde ansetzen, damit man dem methodischen Prinzip „vom Bekannten zum Unbekannten" folgen kann? Was kann man als Trainer als gekonnt voraussetzen?
Beispiel: die Trainingsgruppe beherrscht beide Formen des VHT, hat diese aber noch nicht im Wechsel gespielt.

3. Planung der Übungen
Da auf dem Bekannten aufgebaut werden soll, kann die erste Übung entweder in einer Wiederholung bestehen (z. B. VHT mit max. Rotation; VHT mit wenig Rotation) oder aber bereits neue Inhalte vermitteln (z. B. 2x VHT max. Rotation; 2x VHT geringe Rotation). Dabei ist darauf zu achten, dass der erste Lernschritt von allen Trainierenden einfach umgesetzt werden kann. Darauf aufbauend folgen weitere Übungen, die jeweils eine geringe Erhöhung des Schwierigkeitsgrades mit sich ziehen (z. B. variable Rotation auf unterschiedlich ankommende Rotation; mit variabler Platzierung; situativ, regelmäßig bzw. unregelmäßig etc.).

4. Zielkontrolle
Am Ende der Trainingseinheit muss überprüft werden, ob die angestrebten Ziele erreicht wurden. Dies kann durch eine entsprechende Übung erreicht werden, aber auch durchaus durch die subjektive Einschätzung des Trainers. Auch kann z.B in einer Wettkampfform der erlernte Schlag bei erfolgreicher Ausführung mit doppelter Punktzahl belohnt werden. Eine genaue Formulierung der Zielkontrolle ist beispielhaft in Punkt 1 (Zielformulierung) beschrieben.

Inhalte des Trainings
Je nach Kombination der verschiedenen Techniken mit taktischen Prozessen ist eine Vielzahl von Trainingsübungen individuell zu entwickeln. So wird zunächst die Technik trainiert, dann die taktische Anwendung; Schlagtechnik in Kombination mit Beinarbeitstechnik, regelmäßige und unregelmäßige Übungen usw. Unter Berücksichtigung der methodischen Prinzipien ist darauf zu achten, alle zu vermittelnden Inhalte im

Training durchzuführen. Für das Beispiel VHT könnten folgende Punkte (u.a.) Berücksichtigung finden:
- einfach-regelmäßige Übungen – kombiniert unregelmäßige Übungen
- Technik unter Berücksichtigung der 4 taktischen Grundelemente
- auf unterschiedlich anfliegende Bälle (unregelmäßig, variable Rotation etc.)
- unter Berücksichtigung spezifischer Beinarbeit
- Wahrnehmungsaspekte etc.

Zur Strukturierung des Trainings sind auch einige der sieben methodischen Regeln nach KLINGEN hilfreich:
- vom diagonalen zum parallelen Spiel;
- vom langsamen zum schnellen Spiel;
- vom weiträumigen zum kurzen Spiel;
- vom indirekten zum direkten Spiel;
- Spiel mit zunehmender Rotationsveränderung.

7 methodische Schritte

Die folgende schematische Darstellung soll aufzeigen, welche Faktoren bei der Schulung einer Technik beachtet werden müssen. Jede Möglichkeit kann dabei Ausgangspunkt für die Planung einer Trainingsübung sein.

Der Trainer entscheidet sich für die VHT-Technik als Trainingsinhalt. Seine Überlegungen müssen nun sein: Soll der VHT auf Ober- oder Unterschnitt gespielt werden? Wird regelmäßig oder unregelmäßig trainiert? Welche taktischen Elemente sollen geschult werden?
Die Tabelle zeigt die verschiedenen Möglichkeiten des Planungsweges, der letztlich zu einer Trainingsübung führt.

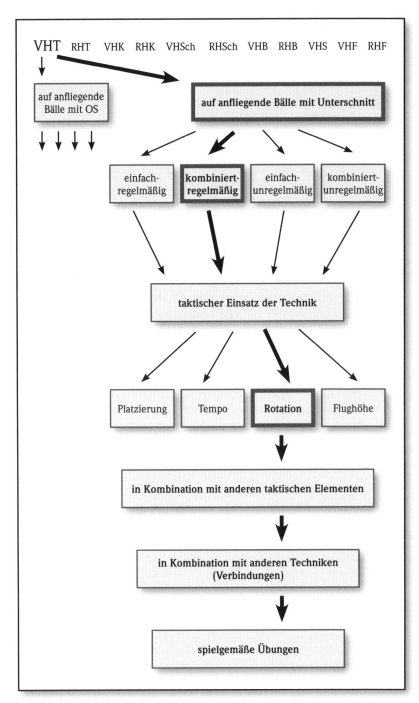

Abb. 20: Schematische Darstellung des Prozesses der Trainingsplanung

Begleitende Maßnahmen

7.1 Pädagogische und soziale Betreuung

Auf pädagogische Grundsätze wurde bereits im Kapitel „Didaktisch und methodische Aspekte des Nachwuchstrainings" hingewiesen. Im Sportverein, in Stützpunkten und bei Lehrgängen müssen insbesondere die Prinzipien „Erziehung zu Selbständigkeit und Eigenverantwortung", „Motivation zu lebenslangem Sporttreiben", „Gesundheit und Selbstregulation" sowie „Fairness" beachtet werden.

Bei jugendlichen Leistungssportlern sind im Fördersystem der Verbände noch weitere typische Problemstellungen zu beachten. So wirkt sich der mit zunehmendem Alter immer höhere Trainingsumfang auf alle Bereiche der Freizeit und – vor allem – der Schule aus. Ein mindestens einmal täglich stattfindendes Training, ein großer Zeitaufwand für Fahrten zum Stützpunkttraining, Ausfall von Unterricht durch Fördermaßnahmen oder Teilnahme an Wettbewerben bedeuten für Kinder und Jugendliche eine enorme Belastung. Defizite in der schulischen oder auch beruflichen Ausbildung müssen vom Fördersystem aufgefangen werden. Hausaufgabenbetreuung, Förder- oder Nachhilfeunterricht, Laufbahnberatung durch die Olympiastützpunkte sowie ein enger Kontakt zu Schule, Arbeitgeber und Elternhaus sind absolut notwendige Grundvoraussetzungen, um eine effektive Förderung in allen Bereichen zu gewährleisten. **Hoher Trainingsumfang**

In der schulischen Entwicklung können Defizite durch die Einrichtung von Teilzeitinternaten vermieden werden. Hausaufgabenbetreuung und Nachhilfe werden bei Bedarf abgerufen, um neben dem Sport die schulische Laufbahn ohne Nachteile zu absolvieren.

Eine noch bessere Möglichkeit, Schule und Leistungssport miteinander zu kombinieren, sind die „Verbundsysteme Leistungssport – Schule". Beispiele hierfür existieren bereits: Im „Deutschen Tischtennis-Zentrum" in Düsseldorf gibt es einen externen Internatsbetrieb, das Heinrich-Heine-Gymnasium in Kaiserslautern und die „Schulen mit sportlichem Schwerpunkt" in Berlin bieten gute Fördermöglichkeiten im Tischtennis. In NRW wird im Landesprogramm „Talentsichtung – Talentförderung" dieser Ansatz angestrebt und im Projekt Düsseldorf bereits praktiziert. Weitere sportbetonte Schulen sollen eingerichtet werden. Es ist aber von Fall zu Fall abzuwägen, ob die Internatsform für den einzelnen Sportler wünschenswert ist. **Verbundsysteme Leistungssport-Schule**

Zu fordern wäre daneben die Position eines pädagogischen Mitarbeiters in den Verbänden, der sich ausschließlich um die o.g. Aufgaben kümmert. Eine solche Position existiert mit dem pädagogischen Leiter im

Bundesleistungszentrum Düsseldorf bereits, ist aber auch für die Verbände wünschenswert.

Wichtig ist auch die psychosoziale Betreuung der Athleten, spielt sich ein Großteil ihres Lebens doch im relativ engen Umfeld von Sportverein und Fördersystem ab. Dieser sehr enge Kosmos ist für die Kinder und Jugendlichen bei ihrer Entwicklung eher hinderlich. Gefordert sind hier zunächst das Elternhaus und die Vereine, die Alternativen in der Freizeitgestaltung, Möglichkeiten zum Kennenlernen anderer sozialer Umfelder u.a. aufzeigen sollten. Die Verbände als Organisatoren der Förderung müssen hier engen Kontakt mit den jeweiligen Bezugspersonen halten.

Psychosoziale Betreuung

7.2 Medizinische Betreuung

Tischtennis ist keine Sportart mit hohem Verletzungsrisiko. Eine Arbeitsgruppe des Westdeutschen Tischtennis-Verbandes zur Entwicklung präventiver Maßnahmen gegen typische Sportverletzungen (Duisburg, 2006) ergab, dass im Tischtennissport vor allem durch konstitutionelle Defizite (z. B. in der Haltemuskulatur des Rumpfes) Sportverletzungen entstehen können. Verletzungen, die im Tischtennissport typisch sind, konnten nicht nachgewiesen werden.

Schwerpunkt Prävention

Dennoch kann durch einseitiges Training, falsche Belastung und schlechte körperliche Grundvoraussetzungen durchaus eine Schädigung des Organismus auftreten. Wünschenswert ist deshalb eine laufbahnbegleitende sportmedizinische Betreuung. Diese ist allerdings bis auf wenige Ausnahmen noch immer nicht Normalität, so dass hier nur ein wünschenswertes Konzept skizziert werden kann:

- **Sportärztliche Eingangsuntersuchung**
Alle Kinder und Jugendlichen, die sich einem Tischtennisverein anschließen, sollten eine sportärztliche Eingangsuntersuchung durchführen lassen. Erkannte Defizite bzw. Schädigungen in einzelnen Bereichen müssen deutlich gemacht und im Trainingsprozess berücksichtigt werden. Begleitende Maßnahmen, die die Beseitigung von motorischen Schwächen, Haltungsschäden oder -schwächen zur Folge oder präventiven Charakter haben, sind in Absprache zwischen dem Sportler, den Eltern, dem Arzt und dem Trainer durchzuführen.

Eingehende Untersuchungen

- **Vorsorgeuntersuchung der Förderstufe II lt. sportärztlichem Untersuchungsprogramm in Nordrhein-Westfalen**
Dieses Programm, an dem im WTTV die sog. „Vorkader-Athleten" teilnehmen, sollte spätestens ab der Teilnahme am Landesleistungsstützpunkttraining verpflichtend absolviert werden. Neben einer Grunduntersuchung werden auch Laborbefunde sowie Röntgenuntersuchungen

von Wirbelsäule und Kniegelenk abgenommen. Notwendige rehabilitative oder präventive Maßnahmen müssen mit den Trainern aller Ebenen abgesprochen werden.
Diese Untersuchung wird bestenfalls jährlich, mindestens aber zweijährlich wiederholt.

- **Sportmedizinische Betreuung des D-Kaders**

Regelmäßige trainingsbegleitende Maßnahmen des D-Kaders werden in Absprache mit dem jeweiligen Olympiastützpunkt durchgeführt. Hierzu gehört auch eine Ernährungsberatung sowie eine psychologische Betreuung.   **Leistungsdiagnostik**
In diesem Bereich beginnt auch spätestens die Leistungsdiagnostik, die in enger Zusammenarbeit aller am Trainingsprozess Beteiligten durchgeführt werden muss.

In einer Untersuchung der Ruhr-Universität Bochum (G. Jendrusch) wurde festgestellt, dass ca. 30% der Leistungssportler unter Sehschwächen leiden. In einer durch Wahrnehmung bestimmten Sportart wie Tischtennis ist es deshalb empfehlenswert, eine entsprechende augenärztliche Untersuchung bei jugendlichen Leistungsportlern durchzuführen. Der Deutsche Tischtennis-Bund führt inzwischen eine solche Untersuchung mit allen Bundeskader-Athleten durch.

8 Kindgerechte Wettkampfformen im Tischtennis

Negative Leistungsentwicklung

Zahlreiche hoffnungsvolle Spieler, die im Alter von ca. zehn Jahren bereits an der Leistungsspitze ihrer Altersklasse etabliert waren, wurden im Laufe der Entwicklung von „Spätstartern" und anderen überholt, fielen im Vergleich immer mehr zurück und verschwanden schließlich ganz aus dem Tischtennisgeschehen. Zahlreiche Gründe für dieses Phänomen sind zu finden, wobei hier nur die wichtigsten genannt werden sollen:

- zu frühe Spezialisierung auf die Individualsportart behindert eine umfassende allgemeinmotorische Ausbildung, was zu einem verlangsamten Lernprozess besonders im Jugendalter führt;
- frühzeitiges „verheizen" von Kindern durch übermotivierte Trainer, Betreuer und Eltern in zahllosen Wettkämpfen;
- Frustrationen über ausbleibende persönliche Erfolgserlebnisse;
- zu früher Einsatz in Wettkampfmannschaften.

Langfristige, positive Leistungsentwicklung

Um dem entgegenzuwirken, sind neue, kindgerechte Wettkampfsysteme zu entwickeln, die nicht auf den kurzfristigen, sondern den zukunftsorientierten Erfolg zielen. Grundlage dafür sind folgende Überlegungen:

- Das Einstiegsalter der Kinder in die Sportart wird immer niedriger. Damit wird eine durch die körperlichen Gegebenheiten notwendige Anpassung der Wettkampfbedingungen erforderlich (Tischhöhe, Schläger).
- Unzweifelhaft ist die Notwendigkeit einer breit angelegten konditionellen und vor allem koordinativen Grundausbildung und damit eine stärkere Gewichtung dieser Bereiche im Training.
- Kinder wollen und sollen sich in Wettkämpfen vergleichen. Dabei soll aber die Freude am Spiel vorherrschen; Tabellen und Ranglisten-Platzierungen sollten außen vor bleiben.

Diesen Forderungen wird der „WTTV-Bambini-Cup" gerecht, der im Folgenden als alternative Wettkampfform vorgestellt wird.

8.1 WTTV-Bambini-Cup

Teilnehmen dürfen alle Spieler, die am 1.1. des Jahres 10 Jahre alt werden oder jünger sind. Der Wettbewerb ist unterteilt in einen

- tischtennisspezifischen und einen
- allgemein-koordinativen Teil.

Beim tischtennisspezifischen Teil sollte nach Möglichkeit auf niedrigeren Tischen und mit Kinderschlägern mit kleinerem Griff gespielt werden. Der Wettbewerb führt zu einer Wertung in den beiden Einzelteilen und zu einer Gesamtwertung.

Leider kann zur Zeit aufgrund organisatorischer Rahmenbedingungen nicht auf höhenverstellbare Tische zurückgegriffen werden.

Durchgeführt werden diese Wettbewerbe auf regionaler Ebene (Kreise, Bezirke), und zwar ohne die normalerweise notwendigen Bedingungen der Wettspielordnung (Spielberechtigung etc.). Die Wettbewerbe sollen monatlich in verschiedenen Orten durchgeführt werden, die Teilnahme ist jeweils frei möglich. Unterteilt wird nach Jahrgängen und – bei entsprechender Teilnehmerzahl – nach Geschlecht.

Niedrigere Tische

Bei diesem Wettbewerb können auch diejenigen Kinder Erfolgserlebnisse verbuchen, die im Tischtennis vielleicht noch nicht so gut sind, allgemeinmotorisch jedoch eine solide Grundlage mitbringen.

Die Übungen

„Ballgefühl"
In unterschiedlich entfernte Kästen spielen (2m / 3m):
1. Durchgang; Der TN muss 4 Gymnastikbälle mit einem Bodenkontakt (1x auftippen) in einen der zwei Kästen werfen. Die Kästen werden im Wechsel angespielt.
2. Durchgang; Der TN muss 4 Tennisbälle mit einem Bodenkontakt (1x auftippen) in einen der zwei Kästen werfen. Die Kästen werden im Wechsel angespielt.
3. Durchgang; Der TN muss 4 Tischtennisbälle mit einem Bodenkontakt (1x auftippen) in einen der zwei Kästen werfen. Die Kästen werden im Wechsel angespielt.

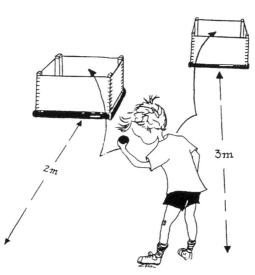

Wertung: Je Treffer erhält der Teilnehmer 5 Punkte

„Slalom über die Brücke"
Ball auf dem Schläger balancieren und um die Fahnen und über die Bank laufen. Die Zeit wird für den Hin- und Rückweg gestoppt. Bei Ballverlust 2 Strafsekunden und fortfahren an gleicher Stelle.

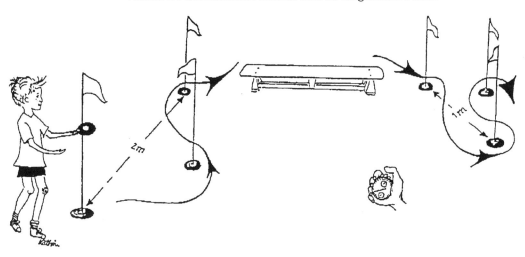

„Drunter und Drüber"
Über den großen Kasten, durch das Höhenelement, über den großen Kasten, durch das Höhenelement, über den großen Kasten etc. Start ist vor dem großen Kasten. Die Zeit wird gestoppt, wenn der TN nach der zweiten Runde nach der Überquerung des großen Kastens mit den Füßen den Boden berührt.

„Bandenwald"
Einen Basketball prellen und mit seitlichen Schritten (Gesicht zur Bande) um die Banden laufen. Die Zeit wird für den Hin- und Rückweg gestoppt. Die Banden werden dabei von beiden Seiten umlaufen.

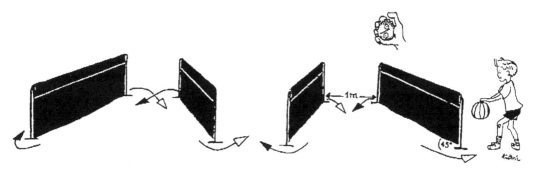

„Sternlauf"
Der TN läuft vom Mittelpunkt zur Station 1, nimmt dort aus einem Behälter einen TT-Ball und läuft zur Mitte zurück, um den TT-Ball dort in einen Behälter abzulegen. Danach werden in gleicher Folge die anderen Stationen angelaufen bis Station 5. An jeder Station liegt ein TT-Ball. Alle Bälle werden nach diesem System eingesammelt und wieder ausgeteilt. Die Zeit wird gestoppt, wenn der TN den letzten Ball wieder ausgeteilt hat.

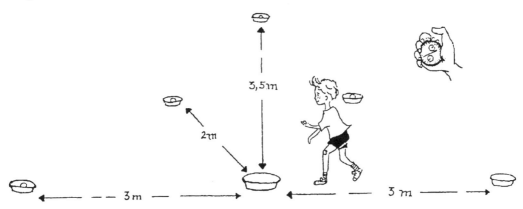

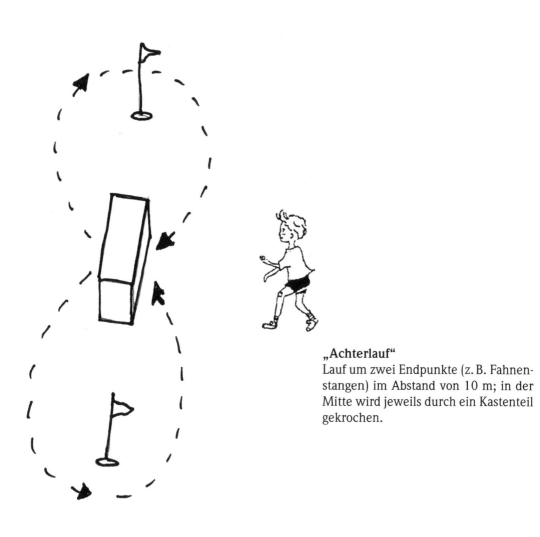

„Achterlauf"
Lauf um zwei Endpunkte (z. B. Fahnenstangen) im Abstand von 10 m; in der Mitte wird jeweils durch ein Kastenteil gekrochen.

Im tischtennisspezifischen Teil wird ein System gespielt, bei dem die einzelnen Platzierungen bis zum Schluss ausgespielt werden (Platzierungs-K.o.-System), wodurch alle Spieler mindestens vier Spiele absolvieren. Die Spieler erhalten so Platznummern. Auch im allgemeinsportlichen Wettbewerb werden die jeweiligen Reihenfolgen ermittelt, nicht die absolute Leistung. Aus den Einzeldisziplinen wird dann eine Gesamtreihenfolge ermittelt, es werden wieder Platznummern erreicht.
Die Platznummern werden am Ende addiert; der Spieler mit der geringsten Platzziffer ist 1., der mit der nächsthöheren 2. usw.

8.2 Sportmotorischer Test zur Talenterkennung

Um im Rahmen des laufenden Unterrichtsbetriebes eine Talentsichtung an Schulen durchzuführen, musste ein Test gefunden bzw. entwickelt werden, der ohne großen Materialaufwand und in maximal zwei Zeitstunden pro Klasse (ca. 25 Kinder) durchgeführt werden kann.

Ein solcher Test, der verlässliche Aussagen über ein sportliches Talent, insbesondere im Tischtennis, macht, existiert unseres Wissens nicht. Aussagen können lediglich über die aktuelle motorische Leistungsfähigkeit der Schüler gemacht werden, wobei ein alle motorischen und koordinativen Eigenschaften umfassender Test den Rahmen sprengen würde.

Subjektive Einschätzungen sind wichtig

Das Abprüfen von Fertigkeiten und Fähigkeiten im Tischtennis ist ebenfalls schwierig, da viele Kinder (es werden die 3. Schuljahre untersucht; Alter 8/9 Jahre) erstmals mit dem Tischtennissport in Kontakt kommen. Hier ist vor allem die subjektive Trainereinschätzung gefragt.

Talentsichtung am Grundschule

Sichtungsmaßnahmen:

1. **Tischtennis**
   freies Spiel; Trainerbeobachtung nach best. Kriterien

2. **Allgemeinsportliche Übungen**

   a) Differenzierungsfähigkeit

   5 verschiedene Bälle in
   die Kästen werfen

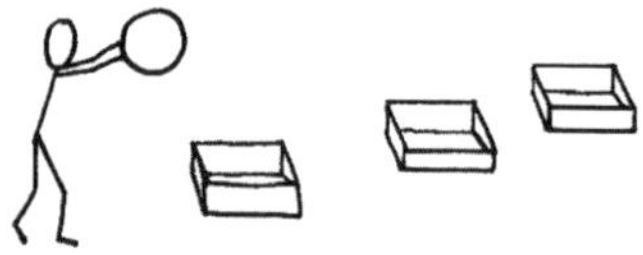

   b) Rhythmusfähigkeit

   Zwei (Volley-)Bälle abwechselnd gegen die Wand
   werfen und nach 1 Bodenkontakt auffangen

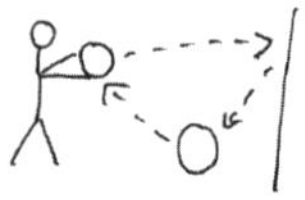

   c) Kopplungsfähigkeit

   Gleichgewichtsfähigkeit
   Stangenabstand je 1 m

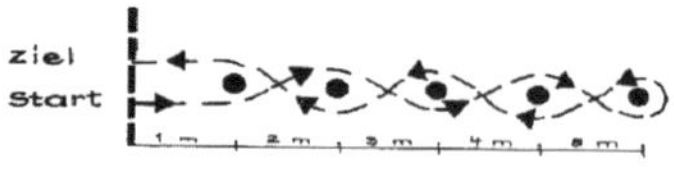

   d) Differenzierungsfähigkeit

   Kontrollübung: Den Ball auf dem Schläger ohne
   Unterbrechung tippen (max. 3 Versuche).

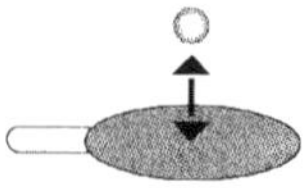

   Geschicklichkeitsübung: Den Ball auf dem Schläger
   abwechselnd mit Vor- und Rückhand tippen
   (max. 3 Versuche), wobei jeder Ballkontakt zählt.

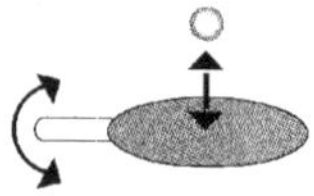

   e) Jump and Reach

Abb. 21: Übungen der Talentsichtung Projekt Tischtennis Mönchengladbach

Talentsichtungsbogen

Name, Vorname: Geb.-Datum:

Anschrift: Tel.:

Schule: Klasse:

1. Tischtennis
Subjektive Trainereinschätzung:

	*	**	***	****	*****
Differenzierung in der Schlaghärte					
Timing (richtiger Zeitpunkt der Schlagbewegung)					
Wahrnehmung (des fliegenden Balles)					

2. Allgemeinsportliche Übungen
a) 5 verschiedene Bälle in Kästen werfen

	TT-Ball	Tennisball	Ring/Softball	Volleyball	Basketball
In Kasten					
Nicht in Kasten					

b) Balltanz: 2 Volleybälle abwechselnd an die Wand werfen

   Gesamtzahl Bälle in 20 Sekunden _____

c) Slalom mit Balltransport auf dem Schläger

   Zeit in sec. _____   Anzahl Fehler ____

d) Anzahl getippter Bälle auf einer Seite: _____

   Anzahl getippter Bälle abwechselnd Vorhand/Rückhand _____

e) jump and reach   Reichhöhe   Sprunghöhe   Differenz

Abb. 22: Bewertungsbogen Talentsichtung Projekt Tischtennis Mönchengladbach

Auswertung:

1. Tischtennis: Hier wird die subjektive Trainereinschätzung in 5 Kategorien (mangelhaft – sehr gut) eingetragen.

2. Allgemeinsportliche Übungen
   a) Bälle in Kasten: gewertet wird die Anzahl der Treffer

   b) Balltanz:
      0–3 Bälle = *
      4/5 Bälle = **
      6–8 Bälle = ***
      9–12 Bälle = ****
      >12 Bälle = *****
      (erkennbarer Lernfortschritt während der Übung wird bewertet)

   c) Slalomlauf:
      >30 sec = *
      25–29 sec = **
      20–24 sec = ***
      15–19 sec = ****
      <15 sec = *****
      (mehr als 4x Ball verloren = Abwertung um 1 Stern)

   d) Kontrollübung:
      <4 = *
      4–6 = **
      7–10 = ***
      11–15= ****
      > 15 = *****

      Geschicklichkeitsübung:
      <3 = *
      4/5 = **
      6–8 = ***
      9–12 = ****
      >12 = *****

   e) Jump and reach; Differenz:
      <10 cm = *
      11–14 cm = **
      15–18 cm = ***
      19–22 cm = ****
      > 22 cm = *****

8.3 Vielseitiger Mannschaftswettkampf IV im Bundeswettbewerb der Schulen „Jugend trainiert für Olympia"

In Zusammenarbeit zwischen dem Verein „Jugend trainiert für Olympia" und dem Schulsportausschuss des DTTB wurde im Schuljahr 1997/98 ein neuer Vielseitigkeitswettkampf für die Sportart Tischtennis im Rahmen der Wettbewerbe „Jugend trainiert für Olympia" entwickelt und erprobt. Neben dem Tischtenniswettkampf wurde für die 8- bis 12-jährigen Mädchen und Jungen auch ein Wettbewerb mit vier sportmotorischen Übungen durchgeführt. Nach der Erprobung sprach sich der Schulsportausschuss des DTTB allerdings gegen eine Fortsetzung dieses Wettbewerbes aus, so dass die beteiligten Partner zunächst eine Überarbeitung und Weiterentwicklung vorantreiben, bevor dieser Wettbewerb bei den Schulsportwettkämpfen erneut angeboten wird.

„Vorwärts – rückwärts – seitwärts"

Anforderungen
Schnelligkeit, Orientierungsfähigkeit

Durchführung
In Form einer Wendestaffel sollen die 6 Spieler eine vorgegebene Laufstrecke mit vorgegebenen Bewegungsformen zurücklegen. Die Ablösung am Ziel/Start erfolgt durch Abklatschen.

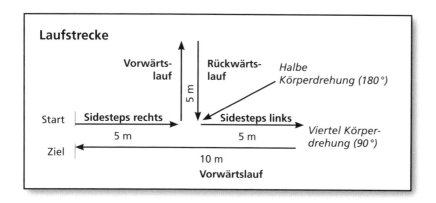

Hinweis: Ein intensives Aufwärmen ist grundsätzlich erforderlich.

Wertung
Sieger ist die Mannschaft, die die schnellste Zeit erzielt hat. Dementsprechend ergibt sich die Platzierung der jeweiligen Mannschaft.

Schiedsrichter
1 Schiedsrichter

Gerätebedarf
Start- / Zielmarkierung
Klebeband für Bodenmarkierungen
Stoppuhr

Slalomlauf

Anforderungen
Kopplungsfähigkeit, Schnelligkeit

Durchführung
In Form einer Wendestaffel sollen die 6 Spieler einen Slalomparcours möglichst schnell durchlaufen und dabei einen Tischtennisball – frei auf einem Tischtennisschläger liegend – transportieren.
Fällt der Ball auf den Boden, muss der Spieler den Ball aufheben und an der Unterbrechungsstelle den Parcours fortsetzen. Am Ziel wird der Ball an den nächsten Spieler übergeben usw.
Gemessen wird die Zeit vom Start des 1. Spielers bis zur Zielankunft des 6. Spielers.

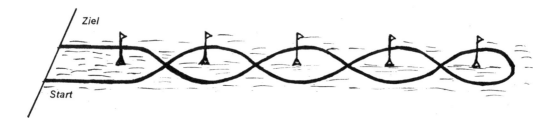

Wertung
Sieger ist die Mannschaft, die die schnellste Zeit erzielt hat. Dementsprechend ergibt sich die Platzierung der jeweiligen Mannschaft.

Schiedsrichter
1 Schiedsrichter

Gerätebedarf
1 Start-/Zielmarkierung
5 Stangen
1 Tischtennisball
1 Stoppuhr
1 Maßband
1 Tischtennisschläger

„Ziel in den Kasten!"

Anforderungen
Differenzierungsfähigkeit, Ballgefühl

Durchführung
In einem Abstand von 3 m zu einem freistehenden kleinen Kasten (mit Dämmmaterial auslegen, um ein Herausspringen der Bälle zu verhindern), der umgekehrt auf dem Boden liegt, soll der Spieler1 den Tischtennisball mit dem Tischtennisschläger in freier Schlagausführung (direkt oder indirekt) in den Kasten spielen, und zwar jeweils 4 Versuche mit der Vorhand und der Rückhand. Der Ball darf vor dem Kasten den Boden berühren.
Ein anderer Spieler der Mannschaft sammelt z. B. mit einer kleinen Schüssel die 8 Tischtennisbälle auf und übergibt sie dem nächsten Spieler.

Wertung
Im Vergleich der teilnehmenden Mannschaften ergibt die Summe der in den Kasten gespielten Bälle die Grundlage für die Platzierung der jeweiligen Mannschaft.

Schiedsrichter
1 Schiedsrichter

Gerätebedarf
Kleiner Kasten
Schaumstoff, Handtuch, o. ä.
Maßband
Markierungsband
8 Tischtennisbälle
Schüssel o. ä.
Tischtennisschläger

„15 heb' auf!"

Anforderungen
Orientierungsfähigkeit, Schnelligkeitsausdauer

Durchführung
Auf einer Fläche von 5 x 5 m werden 5 Schüsseln und 1 Eimer in der skizzierten Anordnung platziert. In dem Eimer befinden sich 15 Tischtennisbälle, die von einem Spieler zu je drei in die fünf Schüsseln verteilt werden sollen. Es darf jeweils nur 1 Ball mit einer Hand (nicht wechseln!) transportiert und in die Schüssel gelegt werden. Sind die Bälle richtig verteilt, verlässt Spieler 1 den Raum und startet den Spieler 2 durch Abklatschen, der dann die Übung in umgekehrter Reihenfolge ausführt, also Rücktransport je eines Balles mit einer Hand in den Eimer usw. Springt ein Ball aus der Schüssel heraus, muss der die Übung durchführende Schüler den Ball selbst wieder hineinlegen.
Die Wettkampfleitung achtet darauf, dass Eimer bzw. Schüsseln nicht verschoben werden.

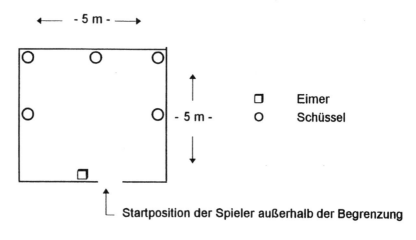

Hinweis: Es wird empfohlen, den Eimer bei dieser Übung so zu befestigen, dass ein Umstoßen nicht möglich ist.
Wertung:
Im Vergleich der teilnehmenden Mannschaften ergibt die Zeit – gestoppt vom Start des Spielers 1 bis Spieler 6 die Übungsfläche verlässt – die Platzierung der jeweiligen Mannschaft.

Schiedsrichter
1 Schiedsrichter

Gerätebedarf
8 Tischtennis-Spielfeldumrandungen (alternativ: Maßband, Markierungsband, Sprungseile)
5 kleine Schüsseln (Kunststoff)
Stoppuhr
15 Tischtennisbälle
Eimer (Kunststoff)

Literatur

Adomeit, M.:
   Taktiktraining: Erlernen der Taktik gegen VH / RH-dominante Spieler. Tischtennis-Lehre 5 / 92
Adomeit, M. / Rauterberg, S.:
   Doppeltaktik – Ergebnisse des VDTT-Workshop Osnabrück. Tischtennis-Lehre 4 / 91
Bauersfeld / Voss:
   Neue Wege im Schnelligkeitstraining, Trainerbibliothek Bd 28 (DSB / BAL)
Blum, H. (Red.):
   1014 Spiel- und Übungsformen im Tischtennis, Schorndorf 1986
Carl, K.:
   Talentsuche, Talentauswahl und Talentförderung, Schorndorf 1988
DTTB (Hrsg.):
   Tischtennis – Lehrplan I–IV, München 1983
DTTB (Hrsg.):
   Tischtennis – Lehrplan 2000 Band I: Schlagtechnik, Frankfurt 1998
Friedrich, Wolfgang:
   Konditionstraining im Tischtennis. Tischtennis-Lehrplanreihe DTTB, Frankfurt / M. 2005
Geisler, Matthias:
   Prinzipien einer spielorientierten Anfängermethodik in VDTT-Trainerbrief 4 / 2005 und 1 / 2006, Stuttgart
Görtz, C.:
   Doppeltaktik Tischtennis-Lehre 1 / 91
Gross, B.U.:
   Tischtennis-Praxis, Reinbek 1987
Gross, B.U. / Huber, D.:
   Tischtennis, Reinbek 1995
Grosser, M.:
   Schnelligkeitstraining, München
Hägele, W.:
   Hochleistungssport: Trends, Probleme, Lösungsversuche. Leistungssport 1 / 97
Hagedorn, G.:
   Sportliche Talente – Erinnerungen an die Zukunft. Leistungssport 5 / 97
Hahn, E.:
   Kindertraining, München 1982
Hirtz, P.:
   In: Weineck: Optimales Training, Erlangen 1980
Hotz, A. / Muster, M.:
   Tischtennis – Lehren und Lernen, Aachen 1993
Joch, W.:
   Das sportliche Talent, Aachen 1982
Kern, J.:
   Taktik im Sport, Schorndorf 1989

Klingen, P.:
  Tischtennis in Schule, Freizeit, Verein, Bonn 1984
Knebel, P.:
  Tennis-Funktionsgymnastik, Reinbek 1988
Koepsel, Mathias / Schöllhorn, Prof. Dr. Wolfgang:
  Differentielles Training im Tischtennis. In VDTT-Trainerbrief 4 / 2005 und 1 / 2006, Stuttgart
Kucht, M.:
  Tischtennis – Ein Sport für alle, Frankfurt 1983
Martin, D. / Carl, K. / Lehnertz, K.:
  Handbuch Trainingslehre, Schorndorf 1991
Möllenberg, O., Jendrusch, G., Heck, H.:
  Table tennis specific eye-hand (bat) coordination and visual depth perception. Poster, 6th Annual Congress of the European College of Sport Science, 15th Congress of the German Society of Sport Science, Cologne 24 – 28 July 2001
Muster, M.:
  Tischtennis – Lernen und Trainieren, Bad Homburg 1986
Östh, G. / Fellke, J.:
  Wie wird man Nr. 1 im Tischtennis, Aachen 1992
Röthig, P. (Red.):
  Sportwissenschaftliches Lexikon, Schorndorf 2002
Schock, K.:
  Taktische Fertigkeiten und ihre methodische Vermittlung. Leistungssport 6 / 83
Sklorz, M.:
  Richtig Tischtennis, München 1995
Sölvenborn, S.:
  Das Buch vom Stretching, München 1983
Thiess, G. / Schnabel, G.:
  Grundbegriffe des Trainings, Berlin 1986
WTTV (Hrsg.):
  Regionalkonzept, Duisburg 2004
WTTV (Hrsg.):
  Prävention im Tischtennis, Duisburg 2006

Literatur zum Thema „Mädchen im Leistungssport":

Bona, I.:
    Sehnsucht nach Anerkennung? Zur sozialen Entwicklung jugendlicher Leistungssportlerinnen und -sportler. Köln: Sport und Buch Strauß 2001.

Frei, P., Lüsebrink, I., Rottländer, D. & Thiele, J.:
    Belastungen und Risiken im weiblichen Kunstturnen. Teil 2: Innensichten, pädagogische Deutungen und Konsequenzen. Schorndorf: Hofmann 2000.

Gieß-Stüber, P.:
    Sportlerinnen zwischen Anschluß- und Leistungsmotivation. Eine qualitative Studie zu Dropout und Bindung im Tennis. In D. Alfermann & O. Stoll (Hrsg.), Motivation und Volition im Sport: Vom Planen zum Handeln (S. 147–152). Köln: bps-Verlag 1999.

Gieß-Stüber, P.:
    Zum Nachwuchsproblem bei Mädchen- und Juniorinnenteams im Tennis – vom Problem zu einer veränderten Praxis. In k. Behm & K. Petzschke (Hrsg.), Mädchen und Frauen im Sport: Natur- und Geisteswissenschaften im Dialog (S. 151–157).Hamburg: Czwalina 1998.

Hartmann-Tews, I., Gieß-Stüber, P., Klein, M.-L., Kleindienst-Cachay, Chr. & Petry, K. (Hrsg.):
    Soziale Konstruktion von Geschlecht im Sport. Opladen: Leske + Budrich 2003.

Kleindienst-Cachay, Chr. & Kunzendorf, A.:
    ‚Männlicher' Sport – ‚weibliche' Identität? Hochleistungssportlerinnen in männlich dominierten Sportarten. In I. Hartmann-Tews, P. Gieß-Stüber, M.-L. Klein, Chr. Kleindienst-Cachay & K. Petry (Hrsg.), Soziale Konstruktion von Geschlecht im Sport (S. 109–150). Opladen: Leske + Budrich 2003.

Lüsebrink, I.:
    Lebenswelten von Kunstturnerinnen. „Und trotzdem – es macht Spaß!" St. Augustin: Academia 1977.

Richartz, A.:
    Lebenswege von Leistungssportlern. Anforderungen und Bewältigungsprozesse der Adoleszenz. Aachen: Meyer und Meyer 2000.